李 新 ◎ 著

京津冀CBD
金融资源优化模式研究

首都经济贸易大学出版社
Capital University of Economics and Business Press
·北京·

图书在版编目（CIP）数据

京津冀 CBD 金融资源优化模式研究 ／ 李新著. -- 北京：首都经济贸易大学出版社，2023.2
　ISBN 978-7-5638-3442-6

Ⅰ. ①京… Ⅱ. ①李… Ⅲ. ①中央商业区-区域金融-资源配置-研究-华北地区 Ⅳ. ①F832.72

中国版本图书馆 CIP 数据核字（2022）第 211869 号

京津冀 CBD 金融资源优化模式研究
李　新　著
JINGJINJI CBD JINRONG ZIYUAN YOUHUA MOSHI YANJIU

责任编辑	佟周红　彭　芳
封面设计	砚祥志远·激光照排　TEL:010-65976003
出版发行	首都经济贸易大学出版社
地　　址	北京市朝阳区红庙（邮编 100026）
电　　话	（010）65976483　65065761　65071505（传真）
网　　址	http://www.sjmcb.com
E - mail	publish@cueb.edu.cn
经　　销	全国新华书店
照　　排	北京砚祥志远激光照排技术有限公司
印　　刷	北京建宏印刷有限公司
成品尺寸	170 毫米×240 毫米　1/16
字　　数	157 千字
印　　张	11
版　　次	2023 年 2 月第 1 版　2023 年 2 月第 1 次印刷
书　　号	ISBN 978-7-5638-3442-6
定　　价	48.00 元

图书印装若有质量问题，本社负责调换
版权所有　侵权必究

目 录
CONTENTS

第一章　导论　/ 1
　　第一节　研究背景与意义　/ 1
　　第二节　金融资源相关研究综述　/ 8
　　第三节　金融深度与金融宽度的研究综述　/ 12
　　第四节　"一带一路"相关研究综述　/ 16
　　第五节　文献评述　/ 18

第二章　京津冀核心CBD金融资源系统分析　/ 21
　　第一节　北京核心CBD金融资源系统分析　/ 21
　　第二节　天津核心CBD金融资源系统分析　/ 54
　　第三节　河北核心CBD金融资源系统分析　/ 72
　　第四节　京津冀核心CBD金融资源系统分析结论
　　　　　　与金融资源优化建议　/ 83

第三章　京津冀拓展CBD金融资源系统分析　/ 85
　　第一节　中关村自创区金融资源系统分析　/ 85
　　第二节　丽泽金融商务区金融资源系统分析　/ 100
　　第三节　通州运河商务区金融资源系统分析　/ 106
　　第四节　河西金融区金融资源系统分析　/ 121

第四章　京津冀的金融深度、金融宽度及其经济影响 ／ 126

第一节　样本选取与变量定义 ／ 127
第二节　京津冀金融资源发展现状 ／ 130
第三节　实证分析 ／ 133
第四节　研究结论与政策建议 ／ 140

第五章　"一带一路"中京津冀CBD金融资源配置及其经济影响 ／ 144

第一节　变量与样本的选取 ／ 146
第二节　模型的设计 ／ 150
第三节　实证检验 ／ 152
第四节　研究结论与建议 ／ 157

参考文献 ／ 164

第一章 导 论

第一节 研究背景与意义

一、研究背景

2001年10月，两院院士、城乡规划学家、人居环境科学的创建者吴良镛先生在《京津冀地区城乡空间发展规划研究》中提出涉及环渤海部分地区一体化的"大北京"规划。由此，京津冀区域经济发展引起重视。2014年2月，习近平总书记在京主持座谈会，就推进京津冀协同发展提出七点要求。2015年《京津冀协同发展规划纲要》印发实施，京津冀协同发展成为重大国家战略。2017年4月1日，雄安新区的成立将京津冀协同发展提升到了新的高度。

然而，京津冀的发展现实状况与国家战略目标之间存在较大差距，从而形成政策困境。目前，京津冀经济（包括金融）发展差异明显，不均衡、不协调的特点较为突出，其中北京势强、京津竞争、河北偏弱的格局没有根本改变。由此导致京津冀协同发展不充分，与长江三角洲、珠江三角洲相比，经济实力尚有较大差距。这在很大程度上导致中国经济与金融在区域发展上的差异日益显现，已经由以往经济发展的东西差异转变为东西差异与南北差异并存的局面，即由"一字形差异"演化为"十字形差异"。

破解这种困境的重要途径是将京津冀的金融业看作一种可持续发展的资源，以京津冀金融资源的优化来推动京津冀的协同发展。这就不得不提到一个概念——中央商务区（Central Business District，CBD）它是指一个国家或城市里主要商务活动进行的地区，通常也是金融业聚集的区域。京津冀CBD作为金融资源的主要载体和金融中心，对金融资源的优化起决定性作用。

本书立足金融资源理论，从金融资源系统（空间）和金融资源发展（时间）两个维度，剖析京津冀CBD金融资源，探索京津冀CBD金融资源优化模式，从而为京津冀协同发展国家战略提供一种新的理论视角和决策参考，因此本书具有重要的现实意义和理论意义。

二、研究意义

表1-1按时间顺序列出了京津冀发展战略与规划的具体情况。

表1-1　京津冀发展战略与规划

时　　间	京津冀发展战略与规划
2001年10月	两院院士、城乡规划学家、人居环境科学的创建者吴良镛在《京津冀地区城乡空间发展规划研究》中提出涉及环渤海部分地区一体化的"大北京"规划
2004年2月	国家发展改革委组织京津冀区域各市负责人在廊坊市召开京津冀区域经济发展战略研讨会，达成"廊坊共识"，旨在加强京津冀地区的经济交流与合作
2005年	《北京城市总体规划（2004年—2020年）》提出京津冀要在多方面进行合作
2006年	"十一五"规划中收入了京津冀区域发展问题，国家发展改革委正式启动了京津冀都市圈的规划和筹备工作
2010年	河北省政府在三河召开工作会议，加快推进"环首都经济圈"的建设
2011年3月	国家"十二五"规划纲要发布，提出"打造首都经济圈"
2011年4月	京津冀共同签署了《京津冀区域人才合作框架协议书》

续表

时　　间	京津冀发展战略与规划
2014年2月	习近平总书记主持召开京津冀三地协同发展座谈会，再提"京津冀问题"，提出加强顶层设计、推动协同发展、推进产业协作、优化城市布局、扩大环境容量生态空间、构建现代化交通网络系统、推进市场一体化的具体要求
2014年3月	李克强总理在政府工作报告中提出了"京津冀一体化"方案，旨在加强京津冀地区和环渤海地区的经济合作
2015年4月	中共中央政治局召开会议，审议通过了《京津冀协同发展规划纲要》
2015年10月	河北、北京两地教育部门签署了《京冀两地教育协同发展对话与协作机制框架协议》和《京冀大学生思想政治教育工作协作方案》
2017年2月	京津冀教育协同发展工作推进会在河北廊坊召开，会上发布了京津冀教育协同发展"十三五"专项工作计划及京津冀对口帮扶项目计划
2018年11月	中共中央、国务院明确要求以北京、天津为中心，引领京津冀城市群的发展，促进环渤海地区的协同发展

本研究的现实意义在于：首先，提出了优化京津冀CBD金融的可行性政策建议。本书从金融资源系统（空间）和金融资源发展（时间）等两个维度剖析京津冀CBD金融资源，提出京津冀CBD金融资源共享、金融互补合作、增加金融深度、拓展金融宽度、参与"一带一路"国际区域金融发展等金融资源优化建议。其次，以京津冀CBD为主体的金融资源优化促进京津冀协同发展，进而促进中国经济可持续发展。京津冀CBD是金融中心，其金融资源的优化可以有力推动京津冀协同发展，从而打破"十字形差异"，促进中国经济均衡发展。再次，重视京津冀地级层面CBD的金融发展。京津冀CBD是金融资源的主要载体，实际上形成了资源共享又分工协作的有机系统，其中北京CBD金融资源处于塔尖，天津CBD金融资源是塔身，河北CBD尤其是地级层面CBD金融资源是塔基，因此，应该重视京津冀地级层面CBD的金融发展。最后，扩展京津冀CBD金融发展的国际空间。"一带一路"区域金融发展为京津

冀CBD金融发展开拓了国际市场。因此，建立"一带一路"国际中央商务区联盟成为历史的必然选择。

本研究的理论意义在于：首先，本研究立足金融资源学说，认为金融产业聚集最终形成的是一种资源，这种金融资源存在于经济系统之中，是经济增长的内在动力。本研究运用金融资源系统论和金融结构效率理论专门研究京津冀CBD金融资源，认为京津冀CBD金融资源深化发展应注重金融资源整体性的优化。其次，本研究从金融深度和金融宽度分析京津冀金融资源（CBD是金融资源主要载体和金融中心）。这种对金融发展的分析较为全面，尤其是对金融宽度的研究具有一定创新性。最后，本研究将微观和宏观相结合，既有本土特色又有国际视野。在探讨京津冀金融资源的深度和宽度时，下沉到地级区域层面；在分析京津冀CBD金融发展机遇时，将研究视野拓展到"一带一路"沿线国家，这实际上将研究延伸到以中国为核心的国家层面，为国际金融研究贡献了"中国元素"。

三、研究内容与思路

本书从金融资源系统（空间）和金融资源发展（时间）等两个维度剖析京津冀CBD金融资源，提出京津冀CBD金融资源优化路径与模式，并提出相关政策建议。本书着重以金融资源系统、金融深度与金融宽度及"一带一路"区域金融为视角，探究京津冀CBD金融资源优化模式，即在政府主导和市场调节的共同作用下，通过金融资源系统的共享协作、提升金融发展水平（金融深度与金融宽度）以及推动"一带一路"区域金融合作等路径，提高京津冀CBD金融市场、金融机构等金融资源的效率，优化京津冀CBD金融资源配置。

本书主要包括五个部分。

第一部分是导论，对本书的研究背景、研究的理论意义与现实意义、研究方法及研究特点进行了概述。对金融资源、金融深度与金融宽度及"一带一路"研究的相关文献进行了综述。在金融资源部分，总结了金融资源系统论与金融资源度量相关研究成果；在金融深度与金融宽度方面，分别介绍了与二者相关的理论及其与经济增长相关联的研究成果；在"一带一路"方面，主要介绍了与投资、金融资源及经济增长相关的研究成果。

第二部分是对京津冀CBD核心金融资源的系统分析。首先，运用金融资源理论，对京津冀CBD金融资源的实体层（组织、业务、市场、政策）及核心层（银行、证券、保险、外资）进行了分析。其次，通过对金融资源的实体层和核心层的分析，确定了京津冀CBD金融资源的发展阶段与功能：北京CBD金融资源的发展处于成熟阶段，是京津冀金融资源的塔尖，属于国际性CBD；天津CBD金融资源的发展处于转换阶段，是京津冀金融资源的塔身，属于全国性CBD；河北CBD金融资源的发展处于初级聚集阶段，是京津冀金融资源的塔基，属于区域性CBD。最后，提出京津冀CBD金融资源的优化路径在于承认京津冀CBD金融差异的客观性，整合京津冀CBD金融资源，实施整体性优化，进而实现资源共享、分工合作、协调发展。

第三部分是对京津冀CBD拓展金融资源的系统分析。首先，运用金融资源理论对京津冀CBD拓展金融资源的核心层（银行、证券、保险、外资）、实体层（组织、业务、市场、政策）以及功能层（科技金融）进行分析。其次，通过对金融资源的核心层、实体层以及功能层的分析，对京津冀CBD拓展金融资源的发展阶段与功能进行定位：丽泽商务区是北京市丰台区重点的打造的"数字金融"发展新区；中关村是汇集大量高端创新要素和科技创新支持的金融科技创新中心，是我国创业投资最活跃的区域；通州区作为北京城市副中心，承担着推动京津冀协同发展的作用，对于国家建设服务业扩大开放综合示范区和自由贸易试验区有着重要意义；天津市河西区作为缓解首都金融压力的CBD，将进一步建设成为国内金融中心。

第四部分是对京津冀的金融深度、金融宽度及它们对CBD影响的分析。首先，解读了金融深度、金融宽度与京津冀CBD金融资源优化之间的关系及相关概念。其次，选取经济增长作为被解释变量，金融深度、金融宽度作为解释变量，固定投资水平、财政支出水平、对外开放程度作为控制变量，建立了面板数据回归模型，通过实证分析了京津冀的金融深度、金融宽度对经济增长的影响。由此，得出结论：京津冀的金融深度和金融宽度对经济增长均有显著的正向影响，而且金融宽度的影响明显强于金融深度；同时，京津冀地区金融与经济发展不均衡。最后，提出京津冀CBD金融资源的优化路径：增加金融深度，拓展金融宽度，尤其要重视金融宽度的发展，促进京津冀CBD的均衡发展，从而整体优化京津冀CBD金融资源。

第五部分是对"一带一路"区域金融资源配置及其经济影响的分析。首先，阐述了"一带一路"与京津冀CBD金融资源优化的关系及其相关概念。其次，通过引入面板数据回归模型的方法来探究金融资源在"一带一路"沿线国家和地区与当地经济增长之间的关系。分析数据而得出结论："一带一路"区域的金融资源配置对其经济增长有显著的影响；银行贷款、外商投资、证券交易额和保费收入等四大核心金融资源对经济增长都具有促进作用但存在差异，其中保费收入的增长对经济增长的促进作用最明显，外商投资的作用次之，证券交易额的增加对经济增长有一定促进效应，银行贷款对于经济增长作用有限。最后，提出京津冀CBD金融资源优化的路径：在政策上，京津冀CBD应当积极参与"一带一路"CBD金融联盟建设，加强京津冀CBD内部的金融协调合作，共同建立金融风险应急响应机制。在金融机构管理上，应当提高银行配置效率、挖掘证券市场潜力、提高保险产业竞争力及开放市场引导外商投资。

本书的研究思路如图1-1所示。

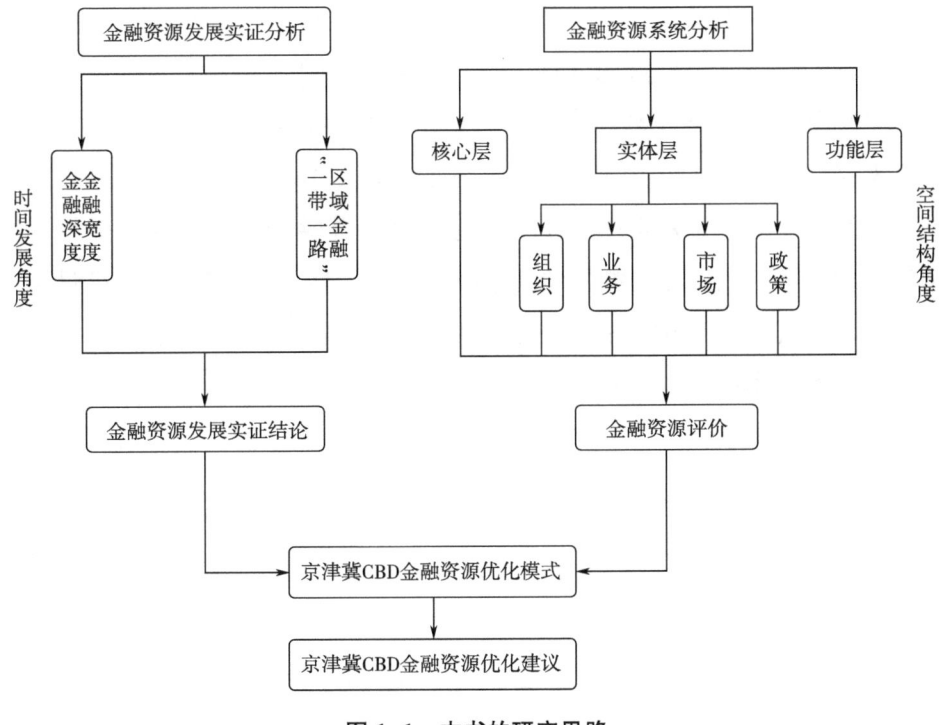

图 1-1 本书的研究思路

四、研究特点

中央商务区（CBD）金融发展对区域经济，乃至金融和经济整体发展都具有重大推动作用。地方政府高度重视 CBD 金融的发展，不断推出对 CBD 金融的利好政策，对 CBD 金融的中心战略也与时俱进。然而，当前对 CBD 金融的理论研究却相对滞后。一方面，理论界对 CBD 金融研究重视不够，其中将 CBD 金融作为一种重要战略资源探讨其优化发展的研究还不多。另一方面，专门系统量化分析 CBD 金融发展的研究尚不够深入，突出表现在两个层面：一是缺少下沉到省级以下区域层面的微观研究；二是缺少上升到以中国为核心的国家层面的宏观研究。

本书希望在一定程度上可以对 CBD 金融发展的研究做一些有益的补

充，从而形成以下课题特色：首先，本书的研究具有较为坚实统一的理论基础。本书立足于金融资源的理论，将CBD金融作为一种重要的资源来看待，系统分析京津冀金融资源（包括CBD）的整体发展、相关经济影响以及金融资源优化模式。其次，本书拓宽了CBD金融的研究视角，拓展了其研究深度。本书着重从金融系统、金融深度、金融宽度、国际金融等多维角度进行分析，拓宽了CBD金融资源的研究视角；运用模型分析等量化分析手段，加大了对CBD金融资源的研究力度。最后，本书的研究具有整体性和系统性，本书在探讨京津冀金融深度和金融宽度时，将研究数据下沉至地级区域金融层面；在分析京津冀CBD金融资源发展的国际机遇时，研究了"一带一路"区域金融资源，这实际上将研究延伸到以中国为核心的国家区域层面，为国际金融研究贡献了"中国元素"。

第二节 金融资源相关研究综述

一、金融资源系统论相关研究综述

国内外从金融资源视角探讨京津冀CBD金融发展问题的研究尚不多见。国内的金融研究主要集中于金融集聚方面，着重从金融地理学、空间经济学、金融集聚动因以及金融机构空间集聚等多个视角进行分析，并且注重探讨金融集聚对经济增长的作用。国外没有明确而系统的金融资源理论和相关研究，但是西方经济学家提出的金融发展理论、金融结构理论、金融功能理论为我国学者后来提出的金融资源理论提供了大量的实证经验，也具有较高的理论价值。金融资源理论起源于金融发展理论，而金融发展理论的产生可以追溯到20世纪70年代。1969年，美国经济学家雷蒙德·戈德史密斯（Raymond Goldsmith）在《金融机构与金融发展》一书中，开创性地将金融工具、金融中介机构和金融市场作为一个运行整体来研究其对于经济发展的作用，同时他通过对35个国家的超过100年的统计数据进行实证分析，总结出12条极为重要的金融发展规律，为发展金融资源学说奠定了理论基础。

艾斯利·德米尔-肯特和罗斯·雷文（Asli Demir-Kunt and Ross Levine，1999）通过对各国金融系统结构的研究，建立了金融结构数据库，这个数据库首次给金融学者提供了一个衡量金融部门的发展、结构和绩效的参考指标，从金融资源的角度考察了各国家和地区在经济发展过程中金融系统的结构和发展状况。

艾斯利·德米尔-肯特和罗斯·雷文（2001）基于自身构建的数据库，研究了150多个国家和地区的金融系统结构，以及金融结构和经济增长之间的关系。研究得出结论：国家和地区的经济发展越好，银行、非银行和股票市场规模就更大，交易也更加活跃，金融体系的效率越高，总体来说国家和地区越富有，金融系统就越完善。

最早提出金融资源论并阐述其理论的是我国学者白钦先，该概念在1998年由其在金融发展国际研讨会中首次提出。白钦先（1998）将金融资源的层次划分为三个，包括基础性核心金融资源、实体性中间金融资源和整体功能性高层金融资源。基础性核心金融资源是金融资源的基础层次；实体性中间金融资源是金融资源的过渡层次，包括金融组织体系和金融工具体系两个部分；整体功能性高层金融资源指的是金融资源的最高层次，是金融体系与货币相互作用、金融体系内部各个部分之间相互作用及相互影响的结果。

崔满红（1999）从金融资源性质的研究视角出发，认为金融资源可分为货币资源（存在于经济活动和再生产活动中的货币总量）、资本资源（用于开发货币资源）、体制资源（功能性金融资源，包括金融机构、金融政策、金融市场等）和商品资源（开发金融资源的工具，主要指各类有价证券）四个层次。

陆家骝（2000）提出应该把管理资源、知识资源和金融资源等带动现代经济增长的因素纳入社会资源范畴；经济中的金融资源包括四个要素：货币与货币制度、金融机构、金融管理以及金融意识。总体来说，当研究主要聚焦于金融资源的总体社会功能和组织系统的时候，人们把金融资源称为金融体系，如果人们重视的是金融资源本身的效率、效益和发展状况，则应该把金融资源称为金融产业。

也有一些国内学者虽然没有对金融资源理论系统地进行研究，但是从金融资源相关的问题入手，如运用金融资源概念和理论对我国金融资源配置状况进行分析考察，以及对金融结构、金融功能、金融效率等各方面进行理论与实证研究，推动了金融资源理论的发展。

曾康霖（2005）通过对我国目前金融资源配置的调查研究得出结论：现阶段国内的金融结构仍然是由国家与政府控制的金融资源，影响着商业性金融机构运作的方向；我国现阶段金融资源的配置在很大程度上不受市场实际供求关系的影响，并且银行可以不讲效益；M2/GDP（麦氏指标）的持续上升趋势也说明了金融资源配置存在浪费。

白钦先、谭庆华（2006）通过对金融功能与金融发展的研究，重新定义了金融功能，进而描绘了金融功能进化的历史路线，最后得出金融功能升级的过程就是金融发展的结论。他们认为，在金融发展过程中金融功能不断扩展和提升，这一演进过程即基础功能→核心功能→扩展功能→衍生功能，具有一种层层递进关系。

林毅夫、孙希芳等（2006）通过对经济发展过程中最优金融结构模式的研究，得出结论：国家经济中的最优金融结构由实体经济的特性所决定，一个劳动力充足的发展中国家的金融体系，应该以为生产技术成熟且融资需求比较小的中小企业提供贷款服务的地方性中小银行为核心；随着经济总量的发展，金融资源结构发生改变，实体经济中企业的生产与技术水平对应的风险程度提高，金融体系中能够为大型企业提供融资需求的大银行和发行证券的股票市场的比例相应提升。

李健、贾玉革（2005）从理论上研究了金融结构合理性的考察与度量问题，从因素、功能和效用的角度研究了金融结构合理性的表现、内涵与本质特点，提出了金融结构合理性的评判准则，并在此基础上提出了一套立体化、多视角的金融结构研究指标体系。

在金融资源论的基础之上，我国的学者开始从金融资源可持续发展、协同理论、金融资源配置效率等多角度进行研究分析。窦尔翔（2004）的研究指出，对金融资源的协调体现在金融资源系统自身协调和金融与经济系统协调两方面。周小川（2004）则在金融资源论和金融协调论的基础上提出了金融生态论，从生态学的角度来研究金融风险形成的原因，论述了法律体系对于金融生态系统的影响。他们的研究在很大程度上丰富和发展了金融资源学说。

二、金融资源相关研究综述

过去的金融实证研究主要考察CBD金融资源聚集的现状，很多研究考虑到了金融聚集对于区域经济发展产生的影响。例如，有文献探讨了银行信贷资源对于区域经济发展的贡献，李绵玲（2011）在《银行信贷资金的分布与经济增长的关系》一文中利用面板数据模型对我国各省（自治区、直辖市）GDP与银行信贷15年的资金数据进行分析，认为二者高度相关。此外还有学者从信贷资金、证券市场资金、外汇、外资等各类金融资源入手，研究它们随着时间推移而产生的变化及对于经济的影响。

对于金融资源系统论，大部分学者均以白钦先对金融资源分类为基础，认为金融资源可以概括抽象为三个层次，即基础性的核心资源、实体性的中间资源和更高层次的功能性资源。但就具体每一层次所包含的内容，各位学者有各自的见解。对于抽象的金融资源如何进行量化分析至今尚无标准统一的方法。而对某一经济体一段时间内金融资源分布差异的研究仍存在争议，主要有以下三类观点：

一是金融资源差异变动遵循倒"U"形假说。倒"U"形假说最早由威廉姆森（Williamson）在《国家发展过程中的区域不平衡》一文中通过实证研究提出。威廉姆森认为，发展初期的两极分化是不可避免的阶段，但是随着经济的发展这种差异会逐渐缩小，直至消失。我国学者张杰在《制度、渐进转轨与中国金融改革》一书中指出，区域金融增长同样遵循倒"U"形态。

二是金融资源差异变动不规则。金雪军、田霖在《我国区域金融成长差异的态势：1978—2003年》一文中用银行存贷款解释中国金融的发展现状，并通过对我国改革开放以来中国区域金融差异进行实证研究后认为，长期来看我国的金融差异发展遵循倒"U"形态的结论尚不明确，而区域金融发展的非均衡性也会长期存在。

三是金融资源差异变动处于周期循环中。李敬在《中国区域金融发展的差异研究》一书中通过对1978—2004年金融分布省际差异进行时间序列分解，认为1978—1992年的中国金融差异分布呈现出"U"形，而1992年以后的金融发展差异迅速加大，但该阶段的形态仍处于某一特征形态的局部，并判断这种金融差异处于一个不确定的循环周期之中。

第三节　金融深度与金融宽度的研究综述

一、金融深度相关研究综述

关于金融深度的早期发展，戈德史密斯（Goldsmith，1969）提出以金融相关率指标衡量一个国家或者地区的金融发展水平，该指标的计算方法为一国或者地区全部金融资产价值与该国经济活动总量的比值，并使用了1860年至1963年共103个国家的数据进行了实证研究，结果表明：经济飞速发展的时期往往伴随着金融的迅猛发展，并据此提出了金融发展相关研究的最早的和最具有影响的理论——"金融结构论"。

麦金农（Mckinnon，1973）和肖伯纳（Shaw，1973）进一步深化了戈德史密斯的"金融结构理论"，并提出了"金融抑制理论"，即金融自由化理论。其中，麦金农通过"货币与资产的互补效应假说"论证了政府对金融的管制阻碍了金融体系发展与运作，进而抑制了经济的增长，建议政府实行金融自由化，放开利率管制，让实际利率真实反映社会融资需求缺口，并提出以 M2/GDP（麦氏指标）衡量金融深化程度。肖伯纳对麦金农的互补性假说中的企业只进行"自我融资"表示质疑，并提出了"债务中介"观点，该观点将货币视为债务的中介，而金融的作用则是让货币更好地发挥其债务中介的作用。发达国家拥有相对完整的金融体系，可以更好地引导储蓄向投资的转化以及优化资源的配置。金融中介体系将公众手中的货币转化为企业资本，创造财富，刺激经济增长，促进就业，形成规模经济，改善整个社会的金融体系运作。发展中国家则因为存在金融抑制的问题，金融体系不够完善，阻碍了资源配置选择最佳路径。

金和雷文（King and Levine，1993）认为，一个国家或地区的金融深化并非完全由银行负债引起，也会由银行资产引起，并且从评估管理人员筛选投资项目，要分散风险和提供金融服务等方面来看，将贷款提供给私人部门的金融中介机构往往比将贷款提供给非私人部门的金融中介机构有更强的资源配置能力。因此，金和雷文使用 1960 年至 1989 年对 80 个国家的研究数据，以私营部门贷款分别占总贷款额与 GDP（国内生产总值）的比率衡量了一个地区或国家的金融深化程度并做了实证分析，结果表明金融发展水平与人均 GDP 增长密切相关。

关于金融深度对经济增长的影响，国外许多学者做了大量的实证研究，且多数学者认为二者呈正相关关系。阿雷斯特斯（Arestis，1997）利用美国和德国的有关数据，探究了金融发展对经济增长的具体影响，使用美国数据进行的实证研究结果表明金融发展对经济的影响并不明显，而德国的结果却恰恰相反，德国银行业的发展与经济增长显著正相关。马卡斯莫维奇等（Maksimovic，2001）认为，整体金融部门发展水平越高，严重依赖外部融资的行业的扩张速率越快，新公司的创建越容易，公司获得外部融资的机会越多，国家的法律对于外部投资者的保护越有效，那么经济的增长就会越快。杰迪代亚等（Jedidiah，2014）对突尼斯的金融发展能否促进经济增长进行了实证研究，结果表明私营部门的国内信贷对经济增长具有积极影响，金融发展是经济长期增长的驱动力。

国内也有许多研究表明金融发展对经济增长有促进作用。米建国、李建伟（2002）认为，金融发展能够促进经济增长，但金融的发展必须要适度，金融抑制或金融完全自由化都无法使经济实现最优增长，甚至会抑制经济增长。我国金融的适度发展应该以消除金融抑制、谨防金融过度为核心准则，加快金融体制改革，建立完善的金融体系。王景武（2005）利用格兰杰因果检验和误差修正模型做了实证分析，结果显示东部地区的金融发展是经济增长的格兰杰原因，二者显著正相关；而西部地区的金融发展则不是经济增长的格兰杰原因，二者显著负相关，这可能是政府制度安排的外生产物；与西部地区相比，东部地区的金融发展对经济增长的影响明显更大。赵志华、贺光明、杨海平（2005）用存款与贷款余额之和与GDP的比值作为金融相关率指标，检验了内蒙古地区金融发展与经济增长的相关性，结果表明内蒙古地区存在"金融抑制"的情况，金融发展的不完善制约了经济的增长，即金融发展有助于推动经济增长。

王定祥、李伶俐、冉光（2009）使用1952年至2007年的数据，以人均GDP衡量经济增长，用金融资产总额/GDP、金融资本存量/真实资本存量、非国有金融资本存量/全部金融资本存量来分别表示金融资本深化率、金融资本比率、金融资本内生率，以探究中国金融资本的形成与经济增长的关系，结果显示提高金融资本深化率会抑制经济增长，但提高金融资本比率和金融资本内生率对于经济增长都有明显的促进作用。王伟、郑月明（2011）使用1985年至2007年我国各省的数据，采用面板数据模型的分析方法，得出中国的金融发展能够促进经济增长的结论，而与西部地区相比，东部地区的金融发展对经济增长的促进作用则更加明显。蒲师齐、于恩锋（2017）使用2001年至2014年四川省五个市的数据，用存贷比、存贷款余额与GDP比值来表示金融发展程度，以人均GDP增长率表示经济发展，实证分析了四川省五个市的金融对经济发展的影响，发现金融发展可以促进经济增长，但由于经济发展的阶段不同，金融发展的促进作用也是不相同的，越发达的地区，其金融发展对经济增长的贡献越小。

二、金融宽度相关研究综述

近年来，学者们逐渐发现单就金融深度层面对金融发展进行衡量，往往比较片面，无法较为准确地度量金融发展水平，使得研究结果有失偏颇，与实际不符。例如就贷款服务而言，一个国家或者地区贷款规模的稳步扩张，其原因可能在于原有借款人获得了更多的贷款额度，但是借款人的范围并未进一步扩大，众多的中小企业和穷人依旧面临融资难的问题。对此，许多学者都做了实证分析来加以论证，如辛格（Singh，1994）使用世界银行国际金融公司数据库的数据进行分析，结果表明在发展中国家，与政府关联紧密且经营风险较低的大型企业相较于众多的中型、小型企业而言，更容易获得贷款支持；布朗和毛雷尔（Brown and Maurer，2005）认为引入新的资本并不能够很好地改善中小企业的融资困境，反而会使得中小企业的信贷融资途径变得更加狭窄。

有关金融宽度对经济增长的实证研究，通常都是同时考虑金融深度、金融宽度对经济增长的影响，且国内在这方面的研究目前还不是很充分。一些学者认为金融深度、金融宽度对经济增长有明显的促进作用，例如，贾春新、夏武勇、黄张凯（2008）使用1992年至2001年中国的省际面板数据，以国有商业银行的分支机构数量衡量银行竞争程度，研究表明其与经济增长显著正相关，且东部地区的促进作用更为明显。邵宜航、刘仕保、张朝阳（2015）以中国1987年至2011年的省际面板数据为样本，使用面板数据回归的方法分析，结果表明我国金融深度、金融宽度与经济增长显著正相关，但金融宽度对于经济增长的促进作用更为明显。除此以外，地区经济发展水平越高，金融深度的促进作用越强，金融宽度的促进作用则会削弱；在中西部地区，金融深度对经济增长的影响并不明显。

另一些学者研究金融深度、金融宽度时则得到了不尽相同的结论。例如，耿颢（2009）对山东省金融发展水平及其影响因素进行了研究，发现山东省的金融深度和金融宽度都不及广东和江苏。胡宗义、刘亦文、袁亮（2013）以1990年至2009年的年度数据作为样本，以M2/GDP、私营部门的贷款额与短期贷款额之比、非银行资产与金融市场总资产之比分别衡量金融深度、金融宽度和金融广度，研究发现金融与经济发展呈倒"U"形关系。现阶段我国金融发展的不足在于金融宽度过低，金融发展的不均衡严重影响到我国经济的可持续发展。汪金花，熊学萍（2015）认为金融深度与经济增长呈"N"形关系，金融机构密度与经济增长呈正向线性关系。

第四节 "一带一路"相关研究综述

具体到"一带一路"国家，许多学者也对沿线国家基础设施建设情况和经济发展之间的关系进行了研究。从理论角度，周小川（2017）对于"一带一路"金融发展提出构想，他认为资金的融通是"一带一路"经济建设的重要工具，"一带一路"的核心是沿线国家的政策协同，共建共享，而不是一个国家去单打独斗，政府所拥有的资源也是有限的，必须强调政府与市场之间的协作，以企业为主体，以市场的规则进行运作，才能保证经济可持续发展；"一带一路"建设应当注意运用开发型金融，开发型金融有着很多优势，既可以连接政府与市场、整合多方资源，为基础设施建设等长期项目提供信用支持，也可以对商业性金融起到引领作用，通过市场化的规划对经济建设进行指导。推动商业银行布局改革，为沿线国家建设与经济交流提供更好的金融服务。无论是推动贸易往来还是跨境投资，都需要加强金融机构网络化建设，提升对贸易金融服务的水平，以此促进金融经济形成良性循环，盘活经济。各国金融监管当局应当加强交流合作，携手消除准入壁垒和限制，提供更加开放的金融环境，推动"一带一路"建设。在"一带一路"建设中，沿线国家积极使用本国货币，可以有效动员当地储蓄，降低换汇成本，有利于维护当地的金融平稳运行，并进一步拓展债券和股权市场的发展，扩大股市债市连通性。

从实证角度，隋广军等（2017）使用中介效应检验模型，得到中国对外直接投资对"一带一路"沿线国家经济增长产生的成果中，有30%是通过建设"一带一路"沿线国家基础设施来实现的。李建军等（2018）通过秩和比法（rank-sum ratio，RSR）和逼近理想解排序法（technique for order preference by similarity to an ideal solution，TOPSIS）以及世界银行WDI数据库，对"一带一路"国家的基础设施建设情况进行了评估，并通过实证检验，得出结论：基础设施建设总体水平与国家经济总量和国内人均产出呈正相关关系，较大的融资风险和融资成本以及基层银行金融利用效率都是妨碍发展中国家进行基础设施建设的原因。任广乾（2018）采用数据包络方法（DEA）对"一带一路"沿线国家的金融效率进行综合研究，认为"一带一路"沿线国家金融资源利用效率总体较低，且区域之间差异较大；经济发展水平相对较低的沿线国家金融结构落后，所以其金融效率低于其他经济发展水平较高的沿线国家；多数"一带一路"沿线国家的金融资源运行的规模收益边际效应值是正的，因此，应该积极完善"一带一路"沿线金融支撑机制，推动各国金融效率的提升；着力于推进"一带一路"建设，加强与沿线国家的战略合作，推动沿线国家金融结构与市场的发展，共同减少"短板效应"对于经济的负面作用；构建"一带一路"区域金融机构监管机制，降低区域性金融风险发生的可能性。

第五节 文献评述

总结而言，针对京津冀CBD金融资源优化模式这类区域金融资源优化问题，在金融资源理论方面，国外没有系统的金融资源研究，而在国内形成了较为完整的金融资源研究体系。国内研究大部分集中在国家整体性的宏观层面，很少有人将金融资源系统总结用以分析区域经济发展，通过对比汇总的角度来阐述金融资源的内涵和运行机制。在金融深度与金融宽度方面，相关理论由国外学者提出，金融发展与经济增长之间关系的相关研究在国外开展得比较早，主要是针对其他国家或地区来展开的，产生了丰富的研究成果。在此基础之上，我国学者对国内金融发展与经济增长进行了大量的研究，大多数研究认为金融发展对于经济增长是有促进作用的。在"一带一路"方面，"一带一路"是我国提出的对外合作开放、刺激国内经济增长发展的一项重大举措，国外在这方面的研究基本没有，国内许多学者对沿线国家基础设施建设情况和经济发展之间的关系进行了研究。

本书基于金融资源、金融发展及"一带一路"相关理论，探讨京津冀CBD金融资源优化模式，并在前人研究的基础上进行一定创新，力求对当前研究领域形成有益补充。金融资源、金融深度与金融宽度及"一带一路"相关研究汇总如表1-2所示。

表1-2 金融资源、金融深度与金融宽度及"一带一路"相关研究汇总

研究方向		研究内容	作者
金融资源	国外：金融发展	金融发展的内因以及在经济发展中的地位	Patrick（1996）
		金融机构对经济发展的作用以及金融发展规律	Raymond Goldsmith（1969）
		不同地区不同阶段各金融部门的结构特征和发展特点	Ross Levine（1999）

续表

研究方向		研究内容	作者
金融资源	国内：金融资源	提出金融资源概念并将其划分层次	白钦先（1998） 崔满红（1999） 陆家骝（2000）
		我国金融资源配置状况及其与经济发展的关系	曾康霖（2005） 白钦先、谭庆（2006） 林毅夫、孙希（2006） 李健、贾玉革（2005） 李绵玲（2011）
		金融资源可持续发展论	白钦先（2010） 窦尔翔（2004） 周小川（2004）
金融深度与金融宽度	金融深度	金融深度与金融发展相关理论的提出	Goldsmith（1969） Mckinnon，Shaw（1973）
		金融深度与经济增长之间具有相关关系	King，Levine（1993） Arestis（1997） 王景武（2005）
		金融深度水平提高促进经济增长	Maksimovic et al.（2001） Jedidia et al.（2014） 赵志华、贺光明、杨海平（2005）
		金融深度正向促进经济增长是需要一定条件的	米建国、李建伟（2002） 王定祥、李伶俐、冉光（2009）
		金融深度对经济增长的促进作用存在区域差异性和阶段差异性	王伟、郑月明（2011） 蒲师齐、于恩锋（2017）
	金融宽度	金融宽度水平提高促进经济增长	贾春新、夏武勇、黄张凯（2008） 邵宜航、刘仕保、张朝阳（2015）
		不同地区金融发展水平的差异性及其影响因素	耿颢（2009）
		金融发展与经济增长之间关系的发展路径	胡宗义、刘亦文、袁亮（2013） 汪金花、熊学萍（2015）

续表

研究方向		研究内容	作者
"一带一路"	金融	"一带一路"建设应当注意运用开发型金融	周小川（2017）
		"一带一路"沿线国家金融资源利用效率总体较低	任广乾（2018）
	经济增长	我国在"一带一路"建设中，基础设施投资占对外直接投资的较大部分	隋广军等（2017）
		基础设施建设总体水平与国家经济总量和国内人均产出呈正相关关系	李建军等（2018）

第二章　京津冀核心 CBD 金融资源系统分析

针对京津冀金融资源的特点，本书将京津冀主要高端产业区都作为 CBD 来研究。按照这样的标准，京津冀 CBD 包括：①北京 CBD[①]：朝阳 CBD、西城金融街、中关村自创区、丽泽金融商务区、通州运河商务区（副中心）。②天津 CBD：滨海新区、河西金融区。③河北 CBD：石家庄中央商务区、雄安新区。

本书针对京津冀的九个 CBD 金融资源进行系统分析：首先，运用金融资源理论，对京津冀 CBD 金融资源的实体层（组织、业务、市场、政策）及核心层（银行、证券、保险、外资）进行了分析。其次，通过对金融资源的实体层和核心层的分析，确定了京津冀 CBD 金融资源的发展阶段与功能定位。最后，提出京津冀 CBD 金融资源的优化路径。

第一节　北京核心 CBD 金融资源系统分析

一、朝阳 CBD 金融资源分析

首先从进行 CBD 金融资源系统分析金融资源的实体层，即从金融机构、金融市场、金融产品、金融政策等方面进行分析。其次，从核心层，即银行、证券、保险及外资金融机构四部分进行分析。此外，因朝阳区的金融资

[①] 本书的北京 CBD 是广义的概念，不同于"北京 CBD 即地处朝阳区的 CBD"的狭义概念。

源主要集中于 CBD，故用朝阳区的金融数据代替描述朝阳 CBD 的情况。

（一）朝阳 CBD 金融资源实体层分析

1. 朝阳 CBD 各类金融机构概况

近年来，朝阳区构建起了以 CBD 国际金融为龙头，以奥运功能区国际金融组织聚集、大望京科技金融融合发展为支撑的区域金融体系。

2021 年，朝阳区金融产业实现稳健增长，成为全区核心支柱产业。1 月至 11 月，金融业实现税收 457.6 亿元，同比增长 4.0%。金融业贡献区级收入 89.8 亿元，同比增长 6.4%，占全区一般公共预算收入的 17.3%。

2021 年全年，共有 54 家金融机构落户朝阳区，包括中能建财务、泰康养老保险、新兴际华财务等法人总部 14 家，鼎诚人寿北京分公司、泰康人寿北京分公司等集团分公司 13 家。至此，朝阳区共有持牌金融机构 1 653 家，外资金融机构 376 家，聚集了全市 100% 的汽车金融公司、100% 的外资再保险公司、80% 的外资法人银行、80% 的外资及合资保险公司、70% 的国际证券交易所代表处，朝阳 CBD 国际化特征日益显著。

朝阳区各类金融机构概况如图 2-1、表 2-1 至表 2-13 所示。

图 2-1 朝阳区 2016—2021 年金融机构数量

表 2-1 朝阳区银行、保险相关金融机构类别及数量

类别	数量（家）
开发性金融机构	0
政策性银行	0
商业银行	972
国有大型银行（含各级支行）	489
股份制商业银行（含各级支行）	247
城市商业银行（含各级支行）	98
农村商业银行（含各级支行）	65
外资银行（含各级支行）	73
金融资产管理公司	1
信托公司	3
财务公司	17
汽车金融公司	7
消费金融公司	1
保险公司（含各级分公司）	167

资料来源：银保监会官网。

表 2-2 朝阳区证券投资相关金融机构类别及数量

类别	数量（家）
证券投资咨询公司	7
证券资信评级公司	1
外国证券交易所代表处	6
北京辖区证券期货会计师事务所	4
证券期货资产评估机构	3
北京辖区外国资产管理类机构北京代表处	5
外资证券公司代表处	21
证券公司、分公司、营业部	2
私募基金管理人	1 081

续表

类别	数量（家）
期货公司、期货分支机构	7
财务公司	17
取得公募资格的资产管理机构	0
基金公司	8
基金子公司	5
独立基金销售机构	68
挂牌公司	153
上市公司	49

资料来源：中国证监会官网，截至 2021 年 9 月 30 日。

表 2-3　朝阳区股份制商业银行

序号	名　称
1	中信银行股份有限公司
2	中信百信银行股份有限公司

资料来源：北京市朝阳区金融服务办公室。

表 2-4　朝阳区外资银行

序号	名　称
1	德意志银行（中国）有限公司
2	韩亚银行（中国）有限公司
3	新韩银行（中国）有限公司
4	法国兴业银行（中国）有限公司
5	友利银行（中国）有限公司
6	国民银行（中国）有限公司
7	蒙特利尔银行（中国）有限公司

资料来源：北京市朝阳区金融服务办公室。

表 2-5　朝阳区金融资产管理公司

序号	名　称
1	中国长城资产管理有限公司北京分公司

资料来源：北京市朝阳区金融服务办公室。

表 2-6　朝阳区信托公司

序号	名　称
1	北京国际信托有限公司
2	中粮信托有限责任公司
3	中信信托有限责任公司

资料来源：北京市朝阳区金融服务办公室。

表 2-7　朝阳区财务公司

序号	名　称
1	京能集团财务有限公司
2	中国石化财务有限公司
3	海航集团财务有限公司
4	中粮财务有限公司
5	中航工业集团财务有限公司
6	中信财务有限公司
7	中煤财务有限公司
8	中冶集团财务有限公司
9	亿利集团财务有限公司
10	西门子财务服务有限公司
11	招商局集团财务有限公司
12	北京控股集团财务有限公司
13	中国航空集团财务有限公司
14	中国首都旅游集团财务有限公司
15	中建财务有限公司
16	中国航油集团财务有限公司
17	中国能源建设集团财务有限公司

资料来源：北京市朝阳区金融服务办公室。

表 2-8　朝阳区汽车金融公司

序号	名　　称
1	宝马汽车金融有限公司
2	丰田汽车金融有限公司
3	沃尔沃汽车金融有限公司
4	大众汽车金融有限公司
5	北京现代汽车金融有限公司
6	东风标致雪铁龙汽车金融有限公司
7	梅赛德斯-奔驰汽车金融有限公司

资料来源：北京市朝阳区金融服务办公室。

表 2-9　朝阳区消费金融公司

序号	名　　称
1	中信消费金融有限公司

资料来源：北京市朝阳区金融服务办公室。

表 2-10　朝阳区证券投资咨询公司

序号	名　　称
1	北京中富金石咨询有限公司
2	北京中资北方投资顾问有限公司
3	鼎信汇金（北京）投资管理有限公司
4	北京海问咨询有限公司
5	北京金美林投资顾问有限公司
6	和讯信息科技有限公司
7	北京中方信富投资管理咨询有限公司

资料来源：北京市朝阳区金融服务办公室。

表 2-11　朝阳区证券资信评级公司

序号	名　　称
1	东方金诚国际信用评估有限公司

资料来源：北京市朝阳区金融服务办公室。

表 2-12　朝阳区外国证券交易所北京代表处

序号	名称
1	美国纽约证券交易所有限责任公司北京代表处
2	韩国交易所北京代表处
3	日本东京证券交易所株式会社北京代表处
4	新加坡交易所有限公司北京代表处
5	美国纳斯达克股票市场有限责任公司北京代表处
6	德国德意志交易所股份有限公司北京代表处

资料来源：北京市朝阳区金融服务办公室。

表 2-13　朝阳区证券期货会计师事务所

序号	名称
1	永拓会计师事务所（特殊普通合伙）
2	利安达会计师事务所（特殊普通合伙）
3	信永中和会计师事务所（特殊普通合伙）
4	致同会计师事务所（特殊普通合伙）

资料来源：北京市朝阳区金融服务办公室。

2. 朝阳 CBD 的金融产品分析

第一，金融业总体规模扩大，金融业资产占全区第三产业三成以上。

从主要经济指标看，截至 2020 年，金融业法人单位资产总计 64 460.6 亿元，比 2013 年末增长 78.1%，占全区第二产业和第三产业法人单位资产的 33.0%，占全区第三产业法人单位资产的 34.0%。全年实现营业收入 3 397.1 亿元，比 2013 年增长 35.7%，占全区第二产业和第三产业法人单位营业收入的 8.6%，占全区第三产业法人单位营业收入的 9.3%。

第二，保险业占据重要地位，新型金融行业发展迅速。

首先，传统金融行业中保险业仍占据金融业主导地位。从朝阳区金融业四大行业构成来看，保险业的主导地位依然明显，支撑行业发展作用突出。截至 2018 年底，朝阳区共有保险业法人企业 305 家，占全区金融业企业总量的7%，机构数量比2013年增加104家；保险业资产总计达到22 927亿元，比2013年增长79.0%，占金融业法人单位总资产的35.6%；全年实现营业收入1 921.7亿元，比2013年增长3.4%，占金融业法人单位营业收入的56.6%。

其次，货币金融服务业资产规模最大。朝阳区货币金融服务业的迅速发展，带动货币金融服务业资产规模快速上升。截至2018年底，货币金融服务业共有法人单位308家，比2013年增加172家；货币金融服务业资产总计27 169.5亿元，比2013年末增长84.6%，占金融业法人单位总资产的42.1%，是朝阳区金融业中资产最大的行业；全年实现收入793.6亿元，是2013年的2.4倍，占金融业法人单位营业收入的23.4%。

最后，新型金融行业发展速度较快。从2013年以来，朝阳区传统金融业在快速发展的同时，新型金融业也呈现较快发展态势，融资租赁、汽车金融、非公开募集证券投资基金、非金融机构支付等新型金融业，尽管资产总体规模较小，但发展速度领先于全区金融业平均水平。2018年末，新型金融法人单位资产总计8 049.6亿元，是2013年末的3.9倍，占金融业法人单位资产总额的12.5%；营业收入587.2亿元，是2013年的5.2倍，占金融业法人单位营业收入的17.3%。

3. 朝阳CBD金融市场概述

截至2019年12月，朝阳全区在沪深交易所上市企业累计达到33家，占北京市上市企业总量的66%；在新三板挂牌的企业累计达到166家，占北京市的14%。截至2020年末，朝阳全区新增境外、沪深交易所上市和新三板挂牌企业11家。

4. 朝阳CBD金融政策概述

朝阳区金融业迅速发展离不开政策支持。2021年初，朝阳区正式出台《朝阳区支持金融业发展的若干措施》：对新落户的金融机构总部企业给予一次性开办费用补助，最高补助5 000万元，对新落户的外资再保险公司总部机构最高补助1亿元；对驻区金融机构给予增资补贴，最高补贴金额2 000万元，并给予办公用房租房补贴，每年最高支持1 000万元；将金融科技公司、股权投资基金公司、金融机构专业子公司等机构纳入政策支持范围，进一步拓宽政策覆盖面，不断提升朝阳区金融产业政策的竞争优势。朝阳区通过设立服务管家，建立"一企一档"以及高效的部门沟通协作机制，对重点金融机构提出的各项需求给予精准支持。2020—2021年，朝阳区已累计利用"服务包"① 为各金融机构解决行政审批、人才服务、办公支持等各类诉求达236项。

其他相关政策如表2-14至表2-16所示。

表2-14 朝阳商务中心区建设三年行动计划

序号	相关政策
1	制定实施《商务中心区建设三年行动计划（2019年—2021年）》
2	完成CBD西北区交通改善示范工程，实现CBD区域违停抓拍全覆盖
3	编制北京CBD发展提升规划，对标国际一流标准
4	有序推进新楼宇项目入市，积极引入符合区域发展战略定位的优质企业入驻，促进区域产业结构持续优化升级
5	完善国贸桥、大望桥、京广桥、东大桥等区域交通环境，推动国贸桥地区去枢纽化
6	推进5G基站建设，优化公共服务
7	配合推进轨道交通28号线建设
8	补充公共服务设施，增加餐饮、剧院、城市书屋等配套便民设施，完成双语标识提升改造
9	对标国际先进商务区，推进国际一流商务中心区建设
10	开放2.3公顷的西南区绿地，全面提升环境品质

资料来源：北京市朝阳区金融服务办公室。

---

① "服务包"是北京优化营商环境的创新做法，既根据企业定位提供普惠的政策集成，又针对企业发展遇到的瓶颈、需要政府协调帮助的问题，依规按政策量身定制解决方案。朝阳区充分发挥总部经济及服务业、金融产业、上市企业等产业政策和相关奖励政策作用，从人才服务、产业发展、业务拓展、空间资源、政务服务等方面，制定了包含常规政策和个性化政策的"服务包"。

表 2-15　朝阳区推动服务业"扩大开放 3.0 方案"

序号	相关政策
1	在新一轮服务业扩大开放上主动作为,争取国家级政策在朝阳区先行先试
2	关注金融、文化、医疗医药、能源等领域的开放政策,进一步放宽信息服务、健康医疗等新兴行业外资市场准入
3	利用扩大开放新政,让更多的改革创新成果落地,发挥全市示范效应

资料来源:北京市朝阳区金融服务办公室。

表 2-16　朝阳区支持金融业相关的政策文件

序号	相关文件
1	《北京市朝阳区关于加快培育发展现代金融服务业的实施意见》
2	《北京市朝阳区关于深入贯彻新发展理念全面构建金融业双向开放新格局的若干意见》
3	《朝阳区支持金融业发展的若干措施》

资料来源:北京市朝阳区金融服务办公室。

(二) 朝阳 CBD 金融资源核心层分析

朝阳 CBD 银行、证券、保险及外商投资情况如表 2-17 至表 2-20 所示,金融资源规模呈逐年上升趋势。

表 2-17　朝阳 CBD 实际利用外商投资额表　　　(单位:万美元)

年份	金额
2020	462 027
2019	429 054
2018	397 477
2017	587 979
2016	745 228

续表

年份	金额
2015	933 873
2014	390 011
2013	342 225

资料来源：北京市朝阳区金融服务办公室。

表 2-18　朝阳 CBD 银行保险系统机构人员情况

年份	合计		总行、总公司		分行、分公司		支行、支公司		分理处		储蓄所		其他	
	机构（个）	从业人员（个）	机构（个）	从业人员（个）	机构（个）	从业人员（个）	机构（个）	从业人员（个）	机构（个）	从业人员（个）	机构（个）	从业人员（个）	机构（个）	从业人员（个）
2020	953	81 266	32	27 594	91	12 463	673	21 820	120	1 771	3	20	34	17 598
2019	984	75 288	31	22 715	91	12 613	693	19 203	131	2 107	3	17	35	18 633
2018	1 036	71 648	28	23 217	88	11 474	580	19 133	145	2 250	57	307	138	15 267
2017	1 106	65 939	29	21 497	79	12 264	566	19 413	146	2 303	58	331	128	10 113
2016	1 070	63 051	24	19 801	77	10 938	624	20 022	158	2 317	58	323	129	9 650
2015	1 065	61 768	26	19 855	73	13 201	616	16 521	152	2 009	62	356	136	9 826
2014	994	54 739	24	16 258	70	11 844	571	15 883	152	1 989	46	419	131	8 346
2013	949	48 118	25	15 054	64	8 290	526	14 599	153	2 039	55	529	126	7 607

资料来源：北京市朝阳区金融服务办公室。

表 2-19　朝阳 CBD 中资银行人民币存款余额　　　　　　　　　　（单位：万元）

年份	各项存款	单位存款	个人存款	储蓄存款	其他存款
2020	297 614 295	141 865 904	88 933 463	65 920 093	66 814 928
2019	286 204 796	133 506 236	79 108 613	56 236 282	73 589 947

续表

年份	各项存款	单位存款	个人存款	储蓄存款	其他存款
2018	248 558 813	129 593 124	67 906 792	49 992 150	51 058 897
2017	237 768 085	123 407 823	59 470 430	48 361 155	58 339 832
2016	235 687 912	118 077 953	57 032 971	49 408 629	60 576 988
2015	225 788 673	101 146 829	54 018 274	40 145 815	50 623 571
2014	141 852 165	81865464	52 084 456	48 828 099	7 901 845
2013	137 796 214	80 376 933	50 322 518	47 257 215	7 096 763

资料来源：北京市朝阳区金融服务办公室。

表 2-20　朝阳 CBD 中资银行人民币贷款余额　　（单位：万元）

年份	各项贷款	境内贷款	短期贷款	个人消费贷款	中长期贷款	个人消费贷款	其他贷款	境外贷款
2020	113 048 805	112 929 760	39 317 239	4 907 939	70 447 640	25 840 661	3 164 880	119 045
2019	103 261 728	103 133 860	35 507 998	4 542 294	66 150 498	26 302 650	1 475 365	127 868
2018	99 089 780	98 955 500	33 309 697	3 304 224	64 015 736	26 444 457	1 630 068	134 280
2017	87 911 427	87 788 675	27 630 984	1 269 044	59 531 022	25 185 177	626 668	122 752
2016	77 994 981	77 858 806	23 956 377	738 610	53 495 474	22 106 693	406 955	136 175
2015	75 332 446	75 224 829	25 403 147	668 423	49 246 330	16 784 368	575 351	107 617
2014	64 715 669	64 605 007	20 664 098	495 147	41 414 874	13 504 107	325 360	13 274
2013	58 205 338	58 091 770	18 188 648	397 264	39 654 361	12 149 828	248 761	113 568

资料来源：北京市朝阳区金融服务办公室。

（三）朝阳 CBD 产业融合模式

依据发展路径的不同，朝阳 CBD 产业融合模式可以划分为渗透融合、延伸融合以及重组融合三种模式。

1. 渗透融合模式

在技术创新的影响下，信息技术对朝阳 CBD 内的行业进行渗透，传统产业体系发生了根本性改变。例如，信息技术与商务服务业、金融业融合，催生出互联网金融；信息科技与文化融合带动文化创意产业的发展；信息技术融合传媒行业，推进新媒体快速发展；等等。新媒体主要以移动、互联网及社交媒体为主，人民日报、中央电视台等传统传媒企业也紧随时代开拓网络（数字）传媒、大数据、微博、微信等形式的新媒体业务，搜狐网、网易、雅虎、分众传媒等新兴网络媒体也为产业发展积聚了力量。《CBD功能区"十三五"时期发展规划》指出，应大力发展"互联网+传媒"，促进信息技术与文化传媒融合发展，以网络传媒、移动传媒、数字传媒等形式引领文化传媒产业集群不断发展壮大。

2. 延伸融合模式

朝阳CBD的服务业、文创、金融等第三产业通过产业间功能互补和延伸，在产业链自然延伸部分发生融合。朝阳CBD商务服务业与文化产业融合，形成广告、咨询等产业，补充并丰富现代服务业的内涵；商务服务业与金融业融合，形成投资与基金管理产业；文化与金融、科技与金融延伸融合，建立良好互动发展关系；房地产业跨领域融合发展，为房地产业发展提供了创新空间。朝阳CBD的广告、会展、旅游等行业带有明显的文化特征，广告文化、会展主题、旅游文化体现了不同的设计特点，其文化深意与服务定位相互联系，文化的内涵影响着服务质量，并最终影响消费市场。朝阳CBD"创新工场""创客空间"的发展，推动文化进一步融于服务业，实现了文化创意专业性和丰富性的统一。

3. 重组融合模式

重组融合大多是建立在信息技术基础上的，产业链的上下游重组，其融合新产品的智能化和数字化的特征明显。以"互联网+金融"为例，互联网企业与金融企业进行战略合作，优化互联网企业的金融信息服务能力、网络技术平台，整合金融企业的行业资质、经营牌照、流通渠道，联合开发出新产品和服务模式，从而催生出互联网理财新业态。同时，重组融合将打造新的业务流程与产业模式，重构发生在同一产业内部或者不同行业结构和不同业务主体之间，最终改变了传统银行业的运作模式、资产结构、产品设计等。以CBD为金融核心的朝阳区目前是北京国际金融机构集中度最高、外资金融机构最完备的区域，该区域银行、证券等业态发展态势良好，此外，小额贷款、股权投资基金、第三方支付、大数据金融等新兴金融业态也发展迅猛。

（四）评价与展望

1. 评价

朝阳区的金融功能定位是首都国际金融机构的核心集聚区，目前国际金融机构集聚特征显著，构成了"一区两园三中心"的金融产业格局，朝阳CBD已经成为金融机构数量最多、种类最全的区域。目前已处于成熟阶段，其金融资源较为发达。

朝阳CBD金融资源系统呈现以下发展趋势：

第一，经济效益、经济贡献突出，始终保持高速增长。仅2007年至2017的十年中，朝阳CBD入驻企业数从1.9万家增长到4.8万家，年均增长9.7%；经济效益持续提升，GDP从271.3亿元增长到1 620.1亿元，增长了近5倍，年均增长19.6%；区域税收从75.9亿元增加到428.7亿元，增长了4.6倍，年均增长18.9%。朝阳CBD地均产出率875亿元/平方公里，是北京市地均产出率的120多倍。

朝阳CBD辐射带动作用明显。由于中心区的辐射带动，2017年朝阳CBD功能区生产总值接近3 000亿元（按当年GDP排名，可在全市16区中排名第四）。实际入驻企业数达到18.8万家，总注册资本3 400多亿元，税收约1 212亿元。

总体来看，朝阳CBD中心区引领效应明显，功能区辐射效应突出。朝阳CBD中心区以占朝阳区1.5%的面积，贡献了全区1/5左右的GDP、税收和营业收入；朝阳CBD占全区面积17.8%的功能区，贡献了朝阳区一半以上的GDP、税收和营业收入。朝阳CBD中心区以占北京市0.04%的面积，创造了北京市5.7%的GDP、5%的税收和3.4%的营业收入；朝阳CBD功能区以占北京市0.48%的面积，创造了北京市10.5%的GDP、14.2%的税收和9.4%的营业收入。

楼宇经济特色突出，繁荣发展。过去十年，朝阳CBD楼宇经济迈入了增长速度最快的"黄金十年"。十年来，朝阳CBD中心区楼宇经济体量由49亿元增加到388亿元，增长了6.9倍；税收过亿楼宇数量由12座增加到52座，增加了3.3倍；税收最高楼宇税收由12亿元增长到57亿元，增长了3.75倍。

第二，产业结构不断优化，高精尖产业体系形成。朝阳总部经济龙头带动作用凸显，发挥辐射带动作用。朝阳CBD的"高精尖"产业结构，呈现出总部经济国际化、跨国总部集聚的优势。2018年，朝阳CBD入驻总部企业428家，占朝阳区总量的47%，占北京市约11%。朝阳CBD总部企业税收约占区域总税收的32.3%。总部经济结构不断优化。2017年，租赁和商务服务业、批发零售业、金融业、房地产业、科学研究和技术服务业五大行业纳税额占朝阳CBD总部企业纳税总额的88%，产业结构呈高端化发展趋势。截至2018年6月，朝阳中心区世界500强企业接近170家，涉及500强企业的分支机构达到465家。朝阳功能区内世界500强企业达到238家，涉及500强企业的分支机构超过1 000家。国际金融发展迅速，助推CBD经济体系迈向高质量发展。朝阳CBD一直以打造国际金融产业集聚地为目标，截至2018年6月，朝阳区金融机构总量达1 100余家，其中外资金融机构239家，分别占全市总量的20%和50%以上。朝阳区商务服务业特色明显，发展迅速，完善的产业链支撑北京CBD高端商务活动。商务服务类纳税企业从2011年的4 919家增长到2017年的9 042家，增长了84%；纳税额从44.1亿元增长到191.5亿元，增长了334%。目前，区域内服务业比重高达98.6%，成为区域主导产业和经济增长的重要引擎。

第三，产业融合化加速推进，产业新动能不断壮大。①产业融合发展。信息产业与现代服务业的融合发展成为 CBD 经济发展的重要特征及新动能。朝阳 CBD 逐步形成了涵盖信息传输、基础软件、应用软件、信息技术（IT）服务、信息服务、嵌入式软件、集成电路（IC）设计等完整的信息服务业产业链，"互联网+"产业实现进一步发展。②产业新动能不断壮大。朝阳 CBD 深入实施创新驱动，加快培育战略新兴产业，经济发展的新动能不断壮大。共有优客工场、得到、宝宝树及便利蜂等 12 家独角兽企业，占朝阳区独角兽企业总数的 44%，总估值达 156.1 亿元。随着国安龙巢、星库空间入选科技部发布的第三批国家级众创空间，朝阳 CBD 功能区共拥有国家级众创空间 9 家，占全区的 50%以上。此外，朝阳 CBD 新增企业科技要素聚集效应凸显。

2. 展望

朝阳 CBD 金融集聚发展优势明显：拥有众多的金融机构、雄厚的经济金融基础以及金融人才优势。但也存在一定的不足之处：金融创新能力不足、高端人才缺乏、金融市场发展不够成熟等。针对朝阳 CBD 的不足，在未来力争做到：优化金融环境，大力推进创新；大力发展经济，带动金融繁荣。如此，朝阳 CBD 才能更好地发挥其国际性中央商务区的功能，为我国金融事业发展贡献更多的力量。

二、西城金融街金融资源分析

（一）金融街基本情况

金融街位于北京西二环路东侧，南起长安街的复兴门内大街，北至阜成门内大街；西自二环路，东临太平桥大街，南北长约 1 700 米，东西宽约 600 米，占地 2.59 平方公里，规划区总占地面积 103 公顷，规划建筑用地达 40 余块，其中新建建筑面积 300 多万平方米，是北京市第一个大规模整体定向开发的金融产业功能区。1992 年，西城区报北京市委市政府批准正式启动建设金融街。2010年金融街的金融资产规模已达到近40万亿元，占北京市金融资产的82%，占全国的47.6%；控制着全国95%的信贷资金和65%的保费资金。我国诸多企业总部及知名国际机构都在向金融街聚集。

1. 历史沿革

1992年，西城区报北京市委市政府批准正式启动建设金融街。

1993年国务院批复的《北京城市总体规划》，提出在北京西二环阜成门至复兴门一带建设国家级金融管理中心，集中安排国家级银行总行和非银行机构总部，北京金融街应运而生。金融街规划用地近103公顷。金融街建设用地约44公顷，道路用地约32公顷，绿化率超过30%。金融街区域总体规划建筑面积为402万平方米，其中，写字楼面积占74%，公寓占3%，酒店占4%，绿地等其他配套占19%。

2014年，北京市西城区人民法院成立金融街人民法庭；2017年9月，金融街人民法庭正式揭牌，入驻金融街办公。为了高效解决金融业纠纷、让金融更好地服务实体经济，金融街不断完善营商环境建设，保障金融"大脑"的高效运转。

2020年，北京金融街核心街区"占地2.59平方公里，街区内矗立着64栋重点商务楼宇，拥有各类金融机构1 886家，法人机构885家，总部型机构175家。金融机构资产规模达108万亿元，占全国总规模的34%"（根据北京金融街服务局副局长卢五星介绍）。金融街聚集了国家金融管理部门的"一委一行两会"（国务院金融稳定发展委员会、中国人民银行、中国银行保险监督管理委员会、中国证券监督管理委员会），中国证券投资基金业协会等15家金融行业协会、全国四大资产管理公司均在金融街落户办公，国有大型商业银行、大型股份制银行总部在金融街云集。

2021年9月，北京证券交易所正式设立，坐落于金融街街道。这一重大事件是对我国资本市场更好服务构建新发展格局、推动高质量发展作出的新的重大战略部署，是实施国家创新驱动发展战略、持续培育发展新动能的重要举措，也是深化金融供给侧结构性改革、完善多层次资本市场体系的重要内容，对于更好发挥资本市场功能作用、促进科技与资本融合、支持中小企业的创新发展具有重要意义。

2. 经济情况

北京市第四次全国经济普查的数据显示（如表2-21所示），截至2018年末，西城区第二产业和第三产业法人单位资产总量位居前三位的街道分别是：金融街街道801 473.9亿元，占65.9%；月坛街道318 406.1亿元，占26.2%；西长安街街道23 299.2亿元，占1.9%。2018年，西城全区第二产业和第三产业企业营业收入位居前三位的街道分别是：金融街街道12 759.8亿元，占45.7%；西长安街街道4 425.8亿元，占15.9%；展览路街道2 129.7亿元，占7.6%。

表2-21 北京市西城区按街道分组的法人单位主要经济指标 （单位：亿元）

	资产总计	负债总计	企业营业收入
合计	1 216 229.0	957 603.5	27 899.5
西长安街街道	23 299.2	7 675.5	4 425.8
新街口街道	13 350.2	6 320.3	881.5
月坛街道	318 406.1	251 379.3	1 261.8
展览路街道	13 656.4	8 082.3	2 129.7
德胜街道	8 803.0	4 730.1	1 346.6
金融街街道	801 473.9	651 100.6	12 759.8
什刹海街道	1 278.0	516.5	176.6
大栅栏街道	238.3	146.9	47.0
天桥街道	495.3	191.6	133.3
椿树街道	2 549.2	1 806.5	506.4
陶然亭街道	1 557.3	986.3	854.1
广安门内街道	20 634.0	19 912	1 094.8
牛街街道	5 250.0	2 392.6	892.3
白纸坊街道	1 151.5	719.5	332.4
广安门外街道	4 086.5	1 643.5	1 057.5

资料来源：北京市第四次全国经济普查主要数据公报。

2019年，金融业已成为北京的第一支柱产业。2019年，金融业产值在地区生产总值中的占比达到18.5%，对北京市经济增长贡献率达28.8%。2020年上半年，面对疫情冲击带来的不利影响，首都金融业增加值仍然实现了同比增长5.7%，增速较全市GDP增速高出8.9个百分点，占地区生产总值比重达到21.2%，支撑作用更加显著。截至2020年6月，金融街的金融业运行态势良好，实现金融业增加值1 285.6亿元，增长幅度为4.7%，占西城区GDP的54.2%，占北京市金融业增加值的37.4%，有力地支撑着首都经济高质量发展。

根据西城区2021年统计年鉴，截至2020年底，金融街街道内金融业企业共计337家，占金融街企业总数的13.39%，金融街街道内金融业企业资产总计86.17万亿元，占金融街企业资产总规模的95.05%，金融街街道内金融业企业收入总计1.05万亿元，占金融街企业总收入的81.01%（如表2-22所示），可见金融业是金融街街道最重要的支柱产业。

表2-22 金融街街道企业基本情况（2020年）

项目	单位数（个）	资产总计（万元）	收入合计（万元）
合计	2 517	9 066 207 730.8	129 016 612.5
按隶属关系分			
中央	355	7 776 960 492.8	95 211 510.0
地方	234	625 069 290.8	15 927 345.3
其他	1 928	664 177 947.2	17 877 757.2
按注册类型分			
内资	2 405	8 886 684 752.1	122 921 430.9
国有	276	605 304 793.1	3 027 792.1
集体	43	1 481.9	1 477.5
股份合作	68	1 322.2	1 470.2
联营	*	—	—
有限责任公司	499	600 571 426.4	28 974 478.4
股份有限公司	76	7 677 467 062.2	89 905 150.8

续表

项目	单位数（个）	资产总计（万元）	收入合计（万元）
私营	1310	3 043 516.5	894 503.9
其他	132	295 149.8	116 558.0
外资	112	179 522 978.7	6 095 181.6
港澳台商投资	50	35 026 750.8	3 306 182.9
外商投资	62	144 496 227.9	2 788 998.7
按国民经济行业分			
农、林、牧、渔业	—	—	—
采矿业	—	—	—
制造业	9	32 912.4	36 081.6
电力、燃气及水的生产和供应业	*	2 926 553.8	444 738.1
建筑业	8	16 681.2	13 104.7
批发和零售业	339	17 402 495.1	10 648 800.3
交通运输、仓储和邮政业	27	15 842 062.9	3 618 792.5
住宿和餐饮业	157	185 349.6	76 805.4
信息传输、软件和信息技术服务业	112	254 956 027.2	505 2133.8
金融业	337	8 617 131 990.9	104 545 335.9
房地产业	139	44 188 246.9	1 520 559.8
租赁和商务服务业	700	98 825 991.6	1 225 459.5
科学研究和技术服务业	149	3 484 200.8	260 851.3
水利、环境和公共设施管理业	13	8 884 771.4	125 854.3
居民服务、修理和其他服务业	74	16 117.5	10 066.3
教育	73	312.7	2 524.8
卫生和社会工作	26	287 181.9	714 580.3
文化、体育和娱乐业	164	2 026 834.9	720 923.9
公共管理、社会保障和社会组织	188	—	—
国际组织	—	—	—

资料来源：西城区统计局。

(二）北京金融街金融资源系统分析

1. 金融街金融资源核心层分析

2020年，北京金融街核心街区内矗立着64栋重点商务楼宇，拥有各类金融机构1 886家，法人机构885家，总部型机构175家。金融街聚集了国家金融管理部门"一委一行两会"，有中国证券投资基金业协会等15家金融行业协会、全国四大资产管理公司、国有大型商业银行、大型股份制银行总部等机构入驻。金融街内各类企业总部和地区总部已有152家，全球500强中的43家中国企业里，有9家总部设在金融街。500强企业中还有12家外资金融总部在金融街设立了分支机构。高盛集团、摩根大通银行、法国兴业银行、瑞银证券等70多家世界顶尖级外资金融机构和国际组织都已入驻金融街。

根据金融机构类型不同，金融街主要核心层金融机构主要为银证保及外资金融机构，具体如表2-23至表2-27所示。

表2-23 金融街监管机构、交易所、政策性银行明细

金融机构性质	公司名称
监管机构	国务院金融稳定发展委员会
	中国人民银行
	中国银行保险监督管理委员会
	中国证券监督管理委员会
交易所	北京证券交易所
政策性银行	国家开发银行总行
	中国进出口银行总行
	中国农业发展银行总行

资料来源：金融街商会。

表2-24 金融街银行明细

序号	公司名称
1	中国工商银行总行
2	中国农业银行总行
3	中国银行总行
4	中国建设银行总行
5	中国光大银行总行
6	华夏银行总行
7	中国民生银行总行
8	中国邮政储蓄银行总行
9	北京银行总行
10	北京农商银行总行
11	国家开发银行北京分行
12	中国工商银行北京分行
13	交通银行北京分行
14	招商银行北京分行
15	中信银行总行营业部
16	平安银行北京分行
17	中国民生银行北京分行
18	渤海银行北京分行
19	江苏银行北京分行
20	南京银行北京分行
21	杭州银行北京分行
22	恒丰银行北京分行
23	昆仑银行国际业务结算中心
24	中国银行金融中心支行
25	中国建设银行金融街支行
26	广东发展银行北京金融街支行
27	中国民生银行金融街支行

资料来源：金融街商会。

表 2-25　金融街证券公司明细

序号	公司名称
1	中国国际金融有限公司
2	中国银河证券
3	宏源证券
4	中银国际证券
5	东兴证券
6	首创证券
7	信达证券
8	中国民族证券
9	恒泰证券
10	北京高华证券
11	东吴证券北京分公司
12	华龙证券北京分公司
13	国海证券北京分公司

资料来源：金融街商会。

表 2-26　金融街保险业金融机构明细

序号	公司名称
1	中国人寿保险（集团）公司
2	中国人民保险集团公司
3	中国再保险（集团）公司
4	中国出口信用保险公司
5	新华人寿保险股份有限公司
6	泰康人寿保险股份有限公司
7	中国人民健康保险股份有限公司
8	长城人寿保险股份有限公司
9	昆仑健康保险股份有限公司
10	中融人寿保险股份有限公司
11	太平保险有限公司北京分公司

续表

序号	公司名称
12	世纪保险经纪有限公司
13	平安养老保险股份有限公司北京分公司
14	国电保险经纪（北京）有限公司
15	中国人民财产保险公司西城支公司
16	中华联合财产保险股份有限公司
17	英大泰和财产保险股份有限公司
18	安华农业保险股份有限公司
19	北京大唐泰信保险经纪有限公司

资料来源：金融街商会。

表 2-27　金融街外资金融机构明细

序号	公司名称
1	摩根大通银行（中国）有限公司
2	韩亚银行（中国）有限公司
3	法国兴业银行（中国）有限公司
4	花旗银行（中国）有限公司北京分行
5	德意志银行北京分行
6	瑞士银行（中国）有限公司北京分行
7	摩根士丹利银行北京分行
8	加拿大皇家银行有限公司北京分行
9	东亚银行（中国）有限公司北京分行
10	澳新银行（中国）有限公司北京分行
11	苏格兰皇家银行北京分行
12	加拿大蒙特利尔银行北京分行
13	道富银行北京分行
14	星展银行北京分行
15	美国大都会人寿保险公司中国代表处
16	美国国际集团北京代表处

续表

序号	公司名称
17	法国安盛公司北京代表处
18	汇丰银行金融街支行

资料来源：金融街商会。

2. 金融街金融资源实体层分析

第一，金融街各类金融机构情况。金融街作为我国金融资源聚集地，汇聚了大量的金融组织，包括金融行业协会、征信机构、全国金融结算中心等组织，同时还有大量各类金融机构聚集于此。根据机构类型不同，可分类如下：

金融行业协会：中国银行业协会、中国证券业协会、中国保险行业协会、中国银行间市场交易商协会、中国上市公司协会、中国期货业协会、中国财务公司协会、中国保险资产管理业协会、中国精算师协会。

征信机构：中国人民银行征信中心、全国金融结算中心、中国证券登记结算有限责任公司、中央国债登记结算有限责任公司、国家主权投资公司和全国社会保障基金、中国投资有限责任公司、全国社会保障基金理事会。

财务公司：中化集团财务有限责任公司、航天科技财务有限责任公司、国核财务有限责任公司、中国大唐集团财务有限责任公司、中国华电集团财务有限责任公司、供销集团财务有限责任公司。

信托公司：中国对外经济贸易信托有限责任公司、中国金谷国际信托有限责任公司、华鑫国际信托有限责任公司。

资产管理公司：中国华融资产管理股份有限公司、中国信达资产管理股份有限公司、中国东方资产管理股份有限公司、中国长城资产管理股份有限公司、中国人寿资产管理有限公司、太平洋资产管理有限责任公司、泰康资产管理有限公司、中再资产管理股份有限公司、北京市国有资产经营有限责任公司。

金融租赁公司：工银金融租赁有限公司。

基金公司：华夏基金、泰达宏利基金、建信基金、东方基金、中国保险保障基金、华安基金、华商基金、易方达基金、方正富邦基金、南方基金北京分公司、银证国际投资基金管理（北京）有限公司。

金融控股集团：中国证券金融股份有限公司、中国中信集团有限公司、中国光大（集团）总公司、中国银河金融控股有限责任公司。

中央大型国有企业集团：中国邮政集团有限公司、中国大唐集团有限公司、中国电信集团有限公司、中国联合网络通信集团有限公司、中国移动通信集团有限公司、中国中化集团有限公司、中国铁路物资股份有限公司、中国长江电力股份有限公司。

金融专业公司：中国印钞造币总公司、中国金币总公司、中债信用增进投资股份有限公司。

综合投资类公司：中投发展有限责任公司、国开金融有限责任公司、北京金融街投资（集团）有限公司、金融街控股股份有限公司、北京国有资本经营管理中心、北京市国有资产经营有限责任公司、国电资本控股有限公司、中国银河投资管理有限公司、北京长电创新投资管理有限公司、招商致远资本投资有限公司、银河创新资本管理有限公司、北京银河鼎发创业投资有限公司、北京天素创业投资有限公司、国投创新投资管理（北京）有限公司、北京东方财富投资有限公司、丰利财富（北京）国际资本管理有限公司、暖流资产管理有限公司、中海金程股权投资基金管理（北京）有限公司、北京大正财富投资有限公司、黑鹰（上海）投资管理有限公司。

服务机构：中证资本市场运行统计监测中心有限责任公司、中证信息技术服务有限责任公司、北京观韬律师事务所、中逸会计师事务所有限公司、北京市冠衡律师事务所、北京中瑞诚会计师事务所、中原信达知识产权有限责任公司、北京科桥投资顾问有限公司、中债资信评估有限责任公司、天相投资顾问有限公司、北京华财会计股份有限公司、北京华瑞富达科技有限公司。

第二，金融街的金融业规模。据北京市第四次全国经济普查主要数据公报，截至2020年4月16日，北京金融街共有第二产业和第三产业法人单位3 092个，资产总计801 668.1亿元。金融街全年实现营业收入12 759.9亿元，营业收入占比居金融街前五位的行业是金融业，批发和零售业，交通运输、仓储和邮政业，信息传输、软件和信息技术服务业，租赁和商务服务业，营业收入合计12 490.6亿元，占该区域营业收入的97.9%（如表2-28所示）。

表2-28 北京市西城区金融街发展情况

行业	法人单位（个）	资产总计（亿元）	负债总计（亿元）	营业收入（亿元）
金融业	627	753 661.5	632 951.7	10 075.2
批发和零售业	392	3 225.5	1 749.1	1 452.0
交通运输、仓储和邮政业	27	1 777.2	1 404.4	582.3
信息传输、软件和信息技术服务业	139	21 873.3	4 872.4	215.7
租赁和商务服务业	796	14 887.3	6 721.5	165.4

资料来源：北京市第四次全国经济普查主要数据公报。

第三，金融街的金融交易市场。全国中小企业股份转让系统（新三板）、全国棉花交易市场、北京产权交易所、北京金融资产交易所均位于金融街，使金融街成为重要的全国及区域性金融资产交易市场聚集地（如表2-29所示）。

表2-29 金融街金融交易市场情况

交易所性质	交易所名称
全国性交易所	北京证券交易所 全国中小企业股份转让系统 全国棉花交易市场

续表

交易所性质	交易所名称
区域性交易所	北京金融资产交易所 北京产权交易所

资料来源：万得资讯。

第四，金融街的政策支持。2020年9月7日，由北京金融街服务局主办的"金融街与金融业扩大开放"外资专场活动举行。此次活动是2020年中国国际服务贸易交易会的组成部分。在活动上，北京金融街服务局发布了《西城区关于在金融街落实金融业扩大开放的若干措施》（"金开十条"）、《西城区服务业扩大开放政策白皮书》等支持金融扩大开放的相关文件。而金融街在以下方面具有政策优势：积极承接国家金融改革开放任务，吸引国际金融机构聚集，支持设立金融机构和设立专业子公司，争取人民币国际化和外汇政策先行先试，服务国家级金融科技示范区建设，支持国际金融基础设施机构在金融街设立机构，促进国际国内金融市场双向融合，以及加快培育金融街国际化产业生态、生活商务生态。

2021年10月21日，在金融街论坛年会政策发布专场活动中，中国人民银行、银保监会、证监会以及国家外汇管理局共发布了十余项金融支持政策，旨在助力北京地区实现高质量发展。金融街作为重要的金融政策承载地，开展实施贸易收支便利化试点、跨国公司本外币一体化资金池试点等更多的试点。

3. 金融街金融资源功能层分析

北京金融街，自元代起被称为"金城坊"，在明清两代就遍布金坊、银号，地理位置优越，建筑齐整，商业繁荣。中华人民共和国成立后，商品经济长期不发达抑制了金融业的发展，随着改革开放进程的推进，在20世纪80年代末我国金融体制改革跨入了新阶段。中国人民银行正式成为国家管理银行并落户于西长安街，为西城区经济发展带来了新的机遇。西城区政府根据国家经济体制改革和国家金融体制改革的要求，紧紧抓住机遇大力促进区域金融业的发展。于是，北京市第一个大规模整体开发的金融功能区和首都金融主功能区——金融街便应运而生了。

根据北京市经济发展的整体布局，金融街的功能定位是国际金融中心，是北京市金融业发展的主中心区，是将北京建设成为具有国际影响力的金融中心城市的重要着眼点。并且，金融街还是西城区战略发展的中心区，是实施"金融强区"战略的主要载体。2007年10月，北京市市长办公会讨论通过《关于对金融街区域拓展和功能完善的意见》，提出以原金融街规划面积为基础，向东、西、南拓展1.41平方公里，金融街核心区从原规划的1.18平方公里拓展至2.59平方公里。金融街现南起长安街沿线，北至阜成门内大街，东临太平桥大街，西至南礼士路。

北京金融街集聚发展的特点如图2-2所示：

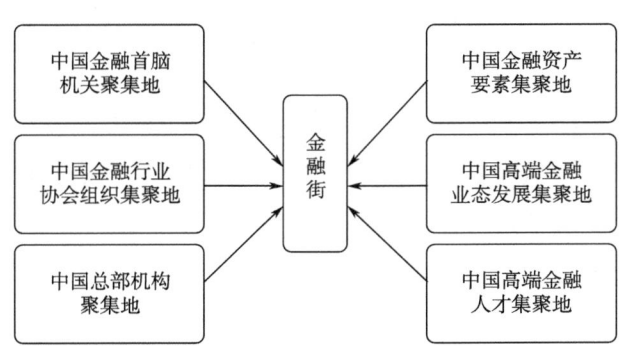

图2-2　北京金融街集聚发展

第一，金融业集聚发展规模逐步显现。截至2020年6月，金融街的金融业运行态势良好，金融业实现增加值1 285.6亿元，增长4.7%，占西城区GDP的54.2%，占全市金融业增加值的37.4%。

第二，国家金融管理中心地位突出。北京金融街及周边地区集聚了"一委一行两会"、国家发改委、财政部等国家金融决策和监管机构，集聚了中国银行业协会、中国证券业协会、中国保险业协会、中国上市公司协会等九家国家级金融行业协会和组织，是人民币资金结算枢纽。北京金融街已经成为集金融决策、金融监管、资产管理、支付结算、信息发布、标准制定于一体的国家金融管理中心。

第三，总部经济特征明显。金融街区域内的各类企业总部和地区总部已超过150家，主要包括国内具有行业代表性的银行、保险总部，电信、电力、石油、天然气、建筑等相关产业的大型企业总部以及外资金融总部。进入2019年《财富》全球500强的129家中国企业中，北京市有56家，其中近半数企业总部设在金融街地区，包括中国工商银行、中国农业银行、中国移动通信集团公司等。

第四，银行业作为集聚主体特征显著。北京金融街集聚了银行机构500多家，大约占金融街集聚机构的一半；集聚了保险机构100多家，大约占10%；集聚了证券类机构100多家，大约占10%；集聚了其他新兴金融机构200余家，大约占30%。

第五，国际金融机构集聚加速。金融街区域外资金融机构和国际组织发展到100多家，其中有12家外资金融机构位列世界500强。越来越多的国际金融集团，如摩根大通、摩根士丹利、苏格兰皇家、瑞士银行、法国兴业、加拿大皇家等银行集团选择将其旗下各业务条线的分支机构设立在金融街，逐渐形成综合型业务中心或区域总部。诸多世界500强企业总部及知名国际机构正在向金融街聚集。

第六，金融要素市场逐步完善。2021年北京金融街及周边共有全国金融结算中心及要素市场11家，金融市场体系建设得到加强，金融功能更加完善。金融街的金融要素市场包括中央外汇业务中心、中国人民银行清算总中心等机构总部，以及北京证券交易所、中国棉花交易所、中国林权交易所、北京产权交易所等，还建立了我国首家挂牌运营的全国性金融资产交易平台——北京金融资产交易所。

第七，金融交易量明显扩大。金融街的金融资产规模在2009年已达到近40万亿元，占北京市金融资产的82%，占全国的47.6%；这里控制着全国95%的信贷资金和65%的保费资金。同时，北京金融街在全国支付清算业务中处于核心地位，中国人民银行清算总中心负责银行间的资金清算，中央国债登记结算公司每年业务量达2万多亿元，中央证券登记结算公司负责深市、沪市每年几万亿元的证券业务结算。

第八，各类新兴金融业态蓬勃发展。北京金融街聚集了企业集团财务公司、资产管理公司、信托公司、股权投资公司等在内的各类新兴金融机构200余家；其中包括国有资产量最大的股权投资基金的母基金——全国社保基金理事会、全国投资领域最广的股权投资基金的母基金——国开金融有限责任公司、全国第一家信用增进公司——中债信用增进投资公司等机构。

第九，核心区建设成效突出。北京金融街实际完成投资额超过1 000亿元，总建筑面积450万平方米。北京金融街城市环境、配套设施的规划和建设体现了国际水准，先后荣获"美国城市土地协会（ULI）全球卓越大奖"和"中国人居环境范例奖"。

第十，金融发展环境逐步优化。西城区政府成立了金融服务办公室，并发挥统筹协调作用，逐步形成以金融街综合服务中心为基础，以西城区金融服务办公室、金融街街道办事处为主体，以金融街控股公司、金融街商会为依托的服务管理体系。同时，西城区制定并落实了一系列优惠政策措施，以此带动提高金融市场的整体竞争能力和发展能力。

（三）评价与展望

1. 金融街金融资源评价

北京金融街位于北京市的中心位置。无论是从地理位置，还是从城市功能发展而言，金融街区域都处于北京城市发展的重要位置。经过十多年来的规划建设与配套功能的完善，金融街对于区域发展以及整个北京城市的发展发挥了以下重要作用：金融街已经成为国家级的金融管理中心，承担着重要的首都职能；金融街已经成为以金融行业为核心的国家级大型总部聚集区，是北京重要的税源地；金融街已经初步形成了符合城市中心发展要求的以商务为主的复合功能区域；金融街已经成为城市中心区域的活力源，对于区域商业以及区域物业的发展起了积极的推动作用。

北京金融街的发展优势有以下五点：

一是总部经济优势。北京金融街是中国总部机构的集聚地，这里有中国金融企业上市市值名列前茅的中国工商银行、中国银行、中国建设银行等金融企业，同时也有中国联通、中国电信等国有大型企业总部。这里有中国移动、中国大唐等多家全球500强中国企业总部，同时也有高盛集团、摩根大通银行、法国兴业银行、瑞银证券等70多家世界顶尖级外资金融机构。金融街的经济总量快速增长，带动西城区经济发展作用显著，同时也是北京市经济发展的有力增长点。

二是信息腹地优势。北京金融街地处全国的政治文化中心，毗邻国家中央机构和各大部委，集中了全国所有的金融监管机构即中国人民银行、中国银行保险监督管理委员会、中国证券业监督管理委员会，这里还集中了全部金融监管部门、国内大型金融、证券、保险机构的总部及大量国内外金融机构。北京金融街已成为全国金融决策监管中心、金融资产管理中心、金融支付结算中心和金融信息中心。金融街凭借国家金融监管部门和总部集聚的优势，总在第一时间向全国乃至世界传递着中国经济和金融发展的信息。

三是人才优势。2021年的《北京人才蓝皮书》针对北京与世界三大顶级世界城市（纽约、伦敦和东京）的相关人才指标进行比较分析后指出：北京人才优势比较雄厚，世界500强企业及跨国公司数量已经超过伦敦。北京市西城区两级政府在金融人才集群建设上坚持三大策略：第一是品牌化集群策略，提升区域人才竞争优势；第二是体系化集群策略，加大金融相关行业人才吸引力度；第三是高端化集群策略，加速海外留学人才金融街分中心的建立。同时西城区还积极为金融人才提供税收等激励政策，努力为高端人才解决配偶、子女的生活和入学问题，全力提升金融人才集群整体竞争力。

四是金融资源优势。金融资源相关比率是金融资产与 GDP 的比值，除衡量一个地区的经济和金融相关程度外，还可衡量金融资产相对于经济体的丰富程度和集中程度。北京金融相关比率居全国首位，其数值接近发达国家和地区。据测算，北京金融资源的丰富程度不仅高于上海、广州、深圳等国内经济发达城市，甚至超过了新加坡，与美国和日本的金融资源发展水平接近。金融街已构建起以银行业、保险业、证券业为主的多种所有制和机构类型并存的金融组织体系，形成了由信贷市场、保险市场、债券市场、股票市场、基金市场等构成的金融市场体系，尤其是规模巨大、功能齐全的货币市场，为北京金融业的进一步发展打下了坚实的基础。

五是首都优势。首都优势包括政治、经济、文化等多方面的优势，目前，全球性金融中心城市中有三分之二是首都城市，区域性金融中心城市中有一半是首都城市，而国家金融中心城市中更有五分之四为首都城市。首都城市在发展中呈现出了"国际金融中心化"的规律。浓郁的政治氛围、发达的经济水平、先进的科学技术、厚重的文化积淀为北京金融街的发展提供了良好的基础和难得的条件。

2. 金融街发展展望

金融街作为我国金融资源聚集地，未来仍有很多发展机遇：

一是拓展北京金融街带来的机遇。北京金融街核心区在原金融街区域（占地 1.18 平方公里，建筑面积 300 多万平方米）的基础上扩建拓展，使核心区面积达到 2.59 平方公里，占地面积拓展了 119%。在绝对面积拓展的同时，金融街还积极盘活存量资源，针对街内现有办公资源和产业发展，规划开展"腾笼换鸟"的置换工作，将金融业以外的产业迁出，腾出空间容纳金融机构入驻。金融街的拓展，不仅会进一步整合优化金融发展空间布局，还加大了顶尖金融机构和人才的集聚度，有利于集中力量打造以金融业为核心的经济增长极。

二是首都发展战略带来的机遇。北京以建设世界城市和具有国际影响力的金融中心城市为战略目标，其中国际金融中心是北京作为世界城市的核心功能，而作为北京金融主中心区的金融街处于重要的战略机遇期，首都建设的推进必将为金融街赢得更好的政策环境和组织保障，各金融功能区都将通过专业化发展为金融街的发展提供产业支撑，形成国家金融决策与国际金融服务功能互补、金融功能区和金融服务区有机统一的新格局。

三是国际金融经济形势变化带来的机遇。受新冠肺炎疫情影响，国际金融格局和经济形势已发生变化。在全球经济发展缺乏动力甚至陷入负增长的情况下，我国经济保持正增长的态势，已成为国际经济的重要一极。中国在经济上的崛起，以及人民币走出去步伐的加快，将为北京金融街走向国际化，建设具有国际影响力的金融中心创造良好的外部机遇和发展动力。

第二节　天津核心 CBD 金融资源系统分析

一、滨海新区基本情况分析

滨海新区，是天津市的市辖区、副省级区、国家级新区和国家综合配套改革试验区，也是国务院批准的第一个国家综合改革创新区。

滨海新区位于天津东部沿海地区，属于环渤海经济圈的中心地带，总面积 2 270 平方公里，常住人口 299 万，是中国北方对外开放的门户、高水平的现代制造业和研发转化基地、北方国际航运中心和国际物流中心、宜居生态型新城区，被誉为"中国经济的第三增长极"。

1994 年 3 月，天津市决定在天津经济技术开发区、天津港保税区的基础上建设滨海新区。2005 年，滨海新区被写入"十一五"规划并被纳入国家发展战略，成为国家重点支持开发开放的国家级新区。2014 年 12 月 12 日，滨海新区获批自贸区，成为北方第一个自贸区。

中小企业知识产权战略推进工程试点城市。滨海新区更改统计口径（注册改为在地），2016年地区生产总值调整为6 654亿元。2020年6月，天津市滨海新区经中央依法治国委批准入选为第一批全国法治政府建设示范项目名单；10月20日，滨海新区入选全国双拥模范城（县）名单。

（一）历史沿革

滨海新区大港地区在战国初隶属齐，秦朝时属巨鹿郡柳县，汉朝时属渤海郡章武县，唐朝时属沧州乾符县，直到宋朝乾德四年（966年）乾符县并入沧州清池县后又分属沧清二州。

滨海新区汉沽地区从汉代置灶煮盐开始，曾隶属渔阳郡雍奴县。

滨海新区塘沽地区地跨海河两岸，历史上一直划河分治。北宋末期，南岸地区属宋河北路沧州清池县，北岸地区属辽南京道析津府武清县。金代，隶属关系初沿宋制。

民国时期，滨海新区大港地区相继属河北省和黄骅、静海、天津三县。

1961年6月，滨海新区汉沽地区与宁河县分置；1962年8月复归天津市，撤市设区。

1928年直隶省改称河北省，废道，滨海新区塘沽地区南北岸地区分属河北省天津县与河北省宁河县。

1949年1月17日塘沽地区解放，天津市人民政府将南北岸地区合治，置区建制，初称塘大区，1952年改名为塘沽区，直辖于天津市。

1953年5月撤天津县后属南郊、静海、黄骅。1963年2月建北大港区，1979年11月成立大港区，属天津市。

1984年，天津经济技术开发区作为第一批国家级经济技术开发区率先在天津东部沿海的盐碱荒滩上建立。

1986年8月21日，邓小平在时任天津市市长李瑞环陪同下视察天津开发区，并亲笔题写"开发区大有希望"的题词。邓小平指出，天津"在港口和市区之间有这么多荒地，这是个很大的优势，我看你们潜力很大。可以胆子大点，发展快点"。这是滨海新区最初的建设轮廓。

1994年，《天津市滨海新区城市总体规划（1994年—2010年）》制定了依托中心城区发展的思路，提出以塘沽地区（包括塘沽城区、天津经济技术开发区、天津港、天津港保税区）为中心，向汉沽城区、大港城区和海河下游工业区辐射，形成"一心三点"组合型城市布局结构。

2005年，《天津市城市总体规划（2005年—2020年）》规划了城市内部空间结构，运用了轴带发展空间理念，提出以沿海河和京津塘高速公路的城市发展为主轴，以东部滨海城市为发展带，以滨海新区核心区、汉沽新城和大港新城为三大城区，简称为"一轴、一带、三城区"的城市空间结构。

2006年，《天津滨海新区国民经济和社会发展"十一五"规划》进行产业功能分区，提出沿京津塘高速公路和海河下游建设"高新技术产业发展轴"，沿海岸线和海滨大道建设"海洋经济发展带"，在轴和带结构中中建设三个生态城区，通过产业集聚，规划建设七个产业功能区，简称为"一轴、一带、三个城区、七个功能区"的功能分区结构。

2008年8月9日，时任国土资源部部长、党组书记、国家土地总督察徐绍史出席国土资源部与天津市人民政府的《关于共同推进天津国土资源工作促进滨海新区开发开放合作备忘录》签字仪式，并在天津调研。

2009年8月12日，天津市滨海新区总投资超过1.5万亿元，用于加快推进南港工业区、于家堡、响螺湾中心商务区、东疆保税港区等十大工程。

2009年11月，国务院正式批复滨海新区行政体制的改革方案，同意撤销天津市塘沽区、汉沽区、大港区，设立天津市滨海新区，以原塘沽区、汉沽区、大港区的行政区域为滨海新区的行政区域，即撤销滨海新区工委、管委会，撤销塘沽、汉沽、大港区现行建制，设立滨海新区行政区，辖区包括原塘沽、汉沽、大港三区全境。

2010年，根据滨海新区街道区划调整方案，撤销原解放路街道和三槐路街道，成立于家堡街道，新设立新北街道、泰达街道。

2011年，撤销营城镇，并入寨上街道。

2011年6月28日下午，天津与国家开发银行在北京签署"十二五"时期开发性金融合作备忘录，国家开发银行与天津在滨海新区开发开放、重点领域发展和重点项目建设等方面开展新的融资合作，这标志着天津与国家开发银行的合作提升到一个新的水平。

2012年4月1日下午，中国国际商会与天津滨海新区政府共同签署《中国国际商会天津市滨海新区人民政府关于共同推进滨海新区开发开放、促进国际经贸合作的备忘录》的签字仪式在天津大礼堂举行。

2013年9月15日，天津滨海新区与台湾新竹市签订友好交流合作备忘录，全面推动两地各领域的交流与合作，以做到优势互补、扩大交流、加强合作、共同发展、互利共赢。

2013年9月26日，天津市宣布撤销滨海新区下辖的塘沽、汉沽、大港三个城区管委会，由滨海新区直管街镇；根据市政府关于滨海新区整合部分功能区的决定和市民政局关于滨海新区调整部分街镇行政区划的批复，滨海新区将27个街镇调整为19个，12个功能区整合成7个。

(二) 经济情况

据《天津统计年鉴2021》数据显示，受新冠肺炎疫情影响，滨海新区2020年全年区级一般公共预算收入515.49亿元，比上年增长2.5%。其中，滨海新区税收收入452.75亿元，增长1.9%，占一般公共预算收入的比重为87.8%，财政收入质量较高；区级一般公共预算支出806.6亿元，增长1.95%。总体来看，滨海新区一般公共预算收入规模明显大于其他区县，其2020年区级一般公共预算收入是第二名环城区（236.09亿元）的2.18倍。

2020年，滨海新区地区总产值5 871.06亿元，较2019年增长13.26

亿元，在疫情冲击下仍保持了正增长，增幅为0.2%，其中第三产业产值3 187.57亿元，占总产值的比重为54.3%；全区规模以上工业企业共计1 253家，较2019年新增51家，增幅为4.2%；新增市场主体5.58万户，其中新增内资企业2.31万户；新增外资企业432户，新增个体工商户3.23万户；城镇非私营单位从业人员92.08万人，平均工资123 549元。

2020年，滨海新区固定资产投资（不含农户）比上年增长4.9%。分产业看，第一产业投资增长1.5倍；第二产业投资增长8.5%，其中工业投资增长8.5%；第三产业投资增长2.0%，其中，交通运输仓储和邮电业增长89.9%，信息传输、软件和信息技术服务业增长29.1%，科学研究和技术服务业增长37.7%。

1. 第一产业

2020年，滨海新区农业生产稳定增长。农林牧渔业总产值46.49亿元，比上年增长3.0%。其中，种植业产值9.82亿元，增长13.0%；林业产值0.42亿元，增长20.9%；畜牧业产值14.35亿元，下降0.8%；渔业产值17.02亿元，下降6.2%。农林牧渔专业及辅助性活动产值4.88亿元，比上年增长3.4倍。

2020年，现代都市农业加快发展。滨海新区新增市级龙头企业2家。累计建成放心菜基地22个。现有设施农业大棚5 713个，面积达1.3万亩。2020年，全区累计建成放心猪肉工程自检室18个，放心肉鸡基地21个。

2. 第二产业

2020年，滨海新区工业生产总体平稳，规模以上工业增加值比上年增长1.9%。在规模以上工业中，11大优势产业增加值比上年增长2.1%。其中，新能源产业、电子信息产业、汽车产业和生物医药产业比上年分别增长25.0%、11.2%、8.0%和6.2%。

2020年，滨海新区实现建筑业总产值2 236.48亿元，比上年增长13.8%，其中，土木工程建筑业产值增长8.1%，房屋建筑业产值增长

10.5%,建筑安装业增长13.7%,建筑装饰、装修和其他建筑业产值增长2.4倍。商品房施工面积2 812.86万平方米,增长9.4%。2020年末全区具有特级、一级资质的总专包建筑业企业106家。

3. 第三产业

在金融业方面,2020年末滨海新区全区金融机构(含外资)本外币各项存款余额6 603.49亿元,比年初增加711.71亿元,同比增长12.1%;各项贷款余额12 526.25亿元,比年初增加645.19亿元,同比增长5.4%。金融市场持续向好。2020年末,共有上市公司38家,同比增长8.6%;新三板挂牌企业69家,占全市总量的46.6%。2020年末,全区共有银行、证券、保险(以下简称"银证保")等持牌法人金融机构37家,其中金融租赁公司12家。全区共有七类地方金融组织2 494家,其中包括融资租赁机构1 733家、商业保理公司674家、区域性股权市场1家、地方资产管理公司2家、融资担保机构22家、小额贷款公司36家、典当行26家。

在旅游业方面,2020年滨海新区接待游客252.12万人,旅游收入2.69亿元,2020年末全区共有星级酒店22家,旅行社71家,A级景区8家,天津市工业旅游示范基地7家。综合性亲子主题乐园亿利精灵乐园开园营业。

在交通运输业方面,2020年港口货物吞吐量5.03亿吨,同比增长2.2%;集装箱吞吐量1 835.31万标准箱,同比增长6.1%。机场旅客吞吐量为1 328.55万人次,同比下降44.2%;机场货邮吞吐量为18.50万吨,同比下降18.2%。全年客运量为1 034.23万人次,客运周转量为5.41亿人次公里。

在电信邮政事业方面,2020年电信业务总量为250.39亿元,比上年增长35.9%。邮政业务总量为56.53亿元,同比增长53.5%。滨海新区全年快递业务量达2.8亿件,比上年增长48.1%,快递业务收入为48.2亿元,比上年增长19.7%。公网电话本地通话量为78.46亿分钟,长途光缆线路总长度为 754.66 公里。全区互联网用户 207.8 万户，宽带接入用户 30. 万户，光纤接入用户 79.9 万户。移动电话用户总计 284.5 万人，公网固定电话用户有 61.97 万户。全区 5G 基站共有 2 853 个。

二、滨海新区金融资源分析

（一）滨海新区金融资源核心层分析

截至 2020 年末，滨海新区共有银证保等持牌法人金融机构 37 家，其中金融租赁公司 12 家。全区共有七类地方金融组织 2 494 家，其中融资租赁机构 1 733 家、商业保理公司 674 家、区域性股权市场 1 家、地方资产管理公司 2 家、融资担保机构 22 家、小额贷款公司 36 家、典当行 26 家。表 2-30 为主要金融机构名单：

表 2-30　滨海新区主要金融机构名单

金融机构性质	公司名称
监管机构	中国人民银行天津滨海新区分行
政策性银行	中国农业发展银行天津滨海分行
商业银行总行	天津滨海农村商业银行股份有限公司
	天津金城银行股份有限公司
商业银行 （一级分行）	瑞穗银行（中国）有限公司天津分行
	渤海银行股份有限公司天津滨海新区分行
	天津滨海农村商业银行股份有限公司天津自由贸易试验区分行
	天津农村商业银行股份有限公司滨海分行
	天津银行股份有限公司滨海分行
商业银行 （二级分行）	浙商银行股份有限公司滨海新区分行
	中国农业银行股份有限公司天津滨海分行
	中信银行股份有限公司滨海新区分行
	华夏银行股份有限公司滨海新区分行
	交通银行股份有限公司天津滨海分行

续表

金融机构性质	公司名称
商业银行 （二级分行）	交通银行股份有限公司天津自由贸易试验区分行
	兴业银行股份有限公司天津滨海新区分行
	招商银行股份有限公司天津滨海分行
	中国工商银行股份有限公司天津经济技术开发区分行
	中国工商银行股份有限公司天津自由贸易试验区分行
	中国光大银行股份有限公司天津滨海分行
	中国建设银行股份有限公司天津开发分行
	中国农业银行股份有限公司天津经济技术开发区分行
	中国银行股份有限公司天津滨海分行
金融租赁公司	邦银金融租赁股份有限公司
	工银金融租赁有限公司
	中信金融租赁有限公司
村镇银行	天津滨海德商村镇银行股份有限公司
	天津滨海惠民村镇银行股份有限公司
	天津滨海江淮村镇银行股份有限公司
	天津滨海扬子村镇银行股份有限公司

资料来源：万得资讯。

（二）滨海新区金融资源实体层分析

1. 滨海新区金融资源规模情况

滨海新区存贷款业务稳步增长（如表2-31所示）。2018年末，金融机构本外币各项存款余额5 807.49亿元。其中，住户存款1 846.25亿元，比年初增加225.92亿元；非银行业金融机构存款92.51亿元，比年初增加11.01亿元。各项贷款余额11 456.91亿元，比年初增加647.92亿元。其中，境内贷款11 350.09亿元，比年初增加591.24亿元；境外贷款106.81亿元，比年初增加56.68亿元。滨海新区金融市场向好发展。全区在沪深交易所上市企业累计达到33家，占全市的66%；在新三板挂牌企业累计达到99家，占全市的49%。截至2018年末，全区新增境外、沪深交易所上市和新三板挂牌企业11家。全区创新型金融机构数量已达8 425家。新区金融租赁公司已达到11家，位居全国前列。2018年末，全区共设立融资租赁企业1 949家，其中，内资融资租赁企业77家，外资融资租赁企业1 872家。

表2-31　2011—2021年滨海新区金融机构存贷款余额

年份	存款余额（亿元）	贷款余额（亿元）
2011	3 666.58	3 795.64
2012	4 221.83	3 911.63
2013	4 699.01	6 425.27
2014	5 559.43	9 680.68
2015	5 292.13	8 506.26
2016	5 559.43	9 680.68
2017	5 858.11	10 809.08
2018	5 807.49	11 456.91
2019	5 891.78	11 881.05
2020	6 415.68	12 699.99
2021	7 300.25	13 225.73

数据来源：万得资讯。

2019年滨海新区金融存贷款业务稳步增长。2019年末，全区金融机构（含外资）本外币各项存款余额5 891.78亿元，比年初增加84.29亿元，比上年末增长1.5%；各项贷款余额11 881.05亿元，比年初增加424.15亿元，增长3.7%。金融市场持续向好。年末全区在沪深交易所上市公司共35家，比上年增长9.4%，占全市比重为64.8%；新三板挂牌公司75家，占全市比重为46.3%；拟上市公司11家，占全市比重为52.4%。年末全区共有银证保等持牌法人金融机构27家，其中金融租赁公司12家。

全区共设立融资租赁公司2 034家。

2020年末，滨海新区金融机构（含外资）本外币各项存款余额6 603.49亿元，比年初增加711.71亿元，同比增长12.1%；各项贷款余额12 526.25亿元，比年初增加645.19亿元，同比增长5.4%。金融市场持续向好。年末共有上市公司38家，同比增长8.6%；新三板挂牌企业69家，占全市比重为46.6%。2020年末，全区共有银证保等持牌法人金融机构37家，其中金融租赁公司12家；全区共有七类地方金融组织2 494家，其中融资租赁1 733家、商业保理公司674家、区域性股权市场1家、地方资产管理公司2家、融资担保机构22家、小额贷款公司36家、典当行26家。

2. 滨海新区金融交易市场

滨海国际股权交易所（以下简称"股交所"）是天津市政府推动滨海新区金融改革创新的又一重要成果。股交所是国内首家专业从事国际企业股权投融资信息交易的第三方服务平台，股交所有投资机构会员243余家，中介服务机构会员110家，并为交易会员提供了股权投融资平台、债券投融资平台以及其他增值服务。其是在天津市政府与全国工商联及美国企业成长协会成功合作举办了两届经国务院批准的"中国企业国际融资洽谈会"（以下简称"融洽会"）基础上，在融洽会组委会直接推动和领导下，依托其在国内外直接融资领域中强大资源优势，以及已经为一百多家企业成功融资的专业服务经验，打造的一个融洽会常态化的直接投融资平台。

3. 滨海新区政策支持情况

通过梳理国务院批复的滨海新区作为国家级新区的总体发展规划，总结滨海新区建设和发展中涉及的金融配套措施，可将其归纳为如下几类：

第一，鼓励设立金融机构，健全金融机构体系。一方面是健全银行业金融机构体系。大部分新区都鼓励符合条件的银行业金融机构设立分支机构、支持民营资本发起设立中小金融机构、支持外资银行分支机构入驻新区开展人民币业务等。另一方面是完善非银金融机构设立。积极引进和设立保险机构，推动保险公司创新发展；建立全国性保险资产交易所，探索设立天然气、咖啡等大宗商品交易市场，探索期货保税交割试点，积极发展金融租赁和融资租赁；设立风险投资、创业投资、产业投资基金和私募股权投资等各类股权投资机构。

第二，拓宽投融资渠道，支持滨海新区建设和产业发展。一方面是提高直接融资比例。主要包括支持滨海新区内符合条件的企业通过发行股票、企业债券、公司债券、资产支持证券、中期票据、保险信托计划等多种方式筹集资金，引入私募股权投资、创业投资等方式进行融资；支持保险资金在依法合规、风险可控的前提下投资基础设施和重点产业项目；积极运用金融租赁方式提供信用支持，支持金融租赁公司进入银行间市场拆借资金和发行债券。另一方面是吸引社会资本参与滨海新区建设发展，引导政府创业投资引导基金重点用于相关产业项目，充分发挥担保基金对信贷资金的撬动作用，引导社会力量参与港口航运开发事业。

第三，扩大金融对外开放，促进对外经贸合作。金融对外开放作为滨海新区对外开放不可或缺的关键环节，能够促进境内外经济贸易合作便利化、多元化。金融对外开放政策主要包括：搞好外汇管理改革试点，适度发展离岸金融服务；鼓励开展跨境人民币业务创新，支持滨海新区银行和企业在对外贸易和投资中使用人民币结算，开展探索资本项目可兑换的先行试验，进一步扩大人民币跨境使用；放宽跨国公司外汇资金集中运营管理准入条件；允许滨海新区内企业、银行从境外借入本外币资金支持新区开发建设。

第四，鼓励金融服务创新，推动特色发展。金融创新可以被视为赋予新区较大的金融政策权限。鼓励金融机构创新金融产品和服务方式，因地制宜，制定具有地方特色的金融创新政策（如表2-32所示）。

表 2-32 滨海新区金融政策类型汇总

政策类型	政策表述
完善金融机构体系	引导金融机构支持新区建设，在新区开设分支机构；鼓励新设金融机构；支持设立民营银行；支持民间资本设立中小金融机构
完善投融资体系	支持相关产业非银行金融业务；创新投资体制，鼓励市场化方式建立健全各类投融资主体；鼓励发展各类投资基金，拓宽融资渠道；支持企业发行债券，探索股权交易平台建设；支持金融租赁、信托业务；探索政府出资设立担保机构，开展联保贷款；推进互联网金融等金融业态发展；开展保险业创新发展试验；开展商业保险业务试点
金融对外开放	搞好外汇管理改革试点，适度发展离岸金融服务；鼓励开展跨境人民币业务创新，支持新区银行和企业在对外贸易和投资中使用人民币结算，开展探索资本项目可兑换的先行试验，进一步扩大人民币跨境使用；放宽跨国公司外汇资金集中运营管理准入条件；允许新区内企业、银行从境外借入本外币资金支持新区开发建设
鼓励金融创新	鼓励金融机构创新；开展金融改革创新试点；探索建立金融创新发展协调机制

资料来源：国家级新区金融政策梳理及对雄安新区金融创新的启示。

4. 滨海新区金融模式创新

商业银行参与 PPP 项目贷款的成功案例——天津滨海新区海水淡化 PPP 项目是滨海新区金融模式创新的典范。

第一，天津滨海新区海水淡化 PPP 项目概况。天津滨海新区地理位置特殊，其自身并不蕴含淡水资源，而且该地区原本属于海河，是天津市将海河进行部分填埋而建成的经济开发区，这种建设方式直接导致滨海新区无法借助勘探地下水的方式来获取充沛的淡水资源。在水利部出具的《滨海新区循环经济示范区产业发展总体规划水资源论证报告》中可以了解到，现滨海新区所使用的淡水资源绝大多数来源于引滦入唐工程。引滦入唐工程每年可以提供给天津市 3 亿立方米的水量，根据现有数据进行预测，到 2020 年，天津市区的用水量将达到 1.82 亿立方米，而到那时，滨海新区可使用的水资源仅为 1.12 亿立方米。而根据《滨海新区循环经济示范区产业发展总体规划环境影响报告书》我们了解到，截至 2020 年，滨海新区每年所需的淡水量高达 4.26 亿立方米，未来滨海新区将会出现 3.14 亿立方米的淡水资源缺口，从而使滨海新区的发展因为水资源的不足而受到限制。

早在 2008 年，天津市有关部门便根据天津市用水匮乏的实际需要，结合天津邻近海洋的地理优势，确定了海水淡化工程的实施，并且指出海河可以为海水淡化提供充分的水源。天津政府指出，该工程首期每日要产出五万吨淡水，待该工程全面建成，每日可产出 90 万吨淡水，将成为我国现阶段规模最大、海水处理量最大的工程。这个工程的建立不但可以缓解天津市的水资源匮乏的实际问题，而且可以将处理所得的过量淡水提供给北京，进而缓解北京的用水压力。挪威阿科凌控股有限公司（以下简称"挪威阿科凌"）是挪威的一家从事海水淡化工作的公司，该公司具有水处理的专利技术，其独立研发的能量回收器 Recuperator 可以有效地提升海水向淡水转化的转化率，因此获得了自己的竞争优势。天津市政府通过工程招标，最终确定实力强劲的挪威阿科凌在香港成立的 SPV——阿科凌（中国）有限公司（以下简称"阿科凌"）为中标单位，并将 BOT 模式确定为海水淡化的主要模式，以开展海水淡化工作。

第二，天津滨海新区海水淡化 PPP 项目创新融资方式。阿科凌是滨海新区海水淡化工程的外国合作者，该工程是该企业在我国承接的第一个海水淡化工程，鉴于其先前并未有过在我国本土开展工程的经验，因此，为了使自己的经营风险降到最小值，该企业采用了国际惯用的无追索项目融资的手段来筹措项目资金。采用这种方式进行融资，项目的融资者只需为工程注资，而不能获得其他担保物，基本投资以外的所有投资都是由银行贷款进行支撑的（如图 2-3 所示）。

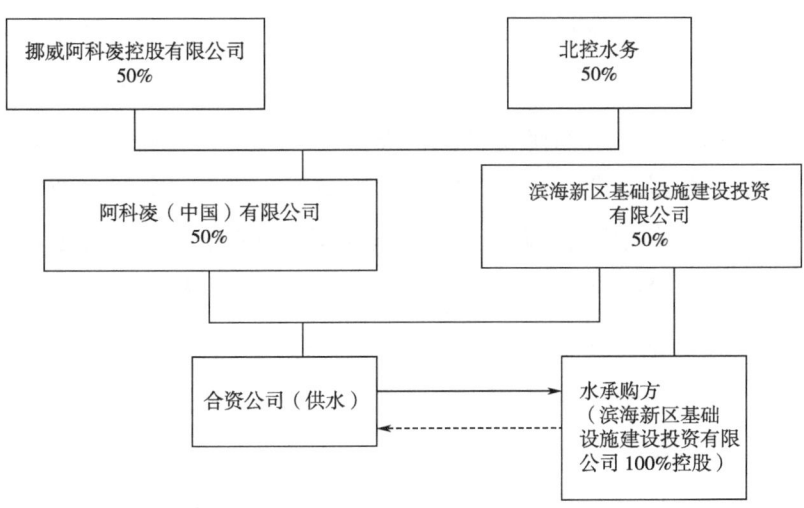

图 2-3 天津滨海新区海水淡化 PPP 项目公司股权结构

(三) 滨海新区金融资源功能层分析

滨海新区的功能定位为全国性金融中心，规划建设与发展目标相适应的金融创新中心、金融信息中心、金融配套服务中心。其建设发展具体思路如下：

第一，要完善、创新金融机构体系。一是提升现有银行机构的层次和功能，鼓励支持各国有商业银行、股份制商业银行在滨海新区成立准分行，对现有机构网点进行整合撤并，实行扁平化管理。授权准分行统一管理滨海新区范围内机构，并赋予较大的经营自主权，增强准分行的整体性和协调性，提高单个网点的营销能力和决策执行力。二是大力发展新型非银行金融机构。加快已获准筹建财务公司的组建工作，推动其他有实力的企业集团申请财务公司，依托天津经济发展现状，积极开展对汽车金融公司、中小企业金融服务公司、金融租赁公司的可行性研究。三是推动大型金融控股公司的组建工作。整合现有金融机构的股权结构，尝试建立综合经营和分业监管的国际化金融控股集团。探索金融监管体制和监管方式，防范综合经营带来的关联交易、风险传递、利益冲突和信息披露等风险。

第二，要推进滨海新区银行机构的创新机制建设，营造适宜创新的良好环境。一是积极创造条件，支持商业银行在滨海新区成立产品研发中心、金融工程中心等金融业务创新机构，制定金融业务创新规划，研发金融创新产品，鼓励新产品在滨海新区先试先行。二是建立银行机构金融创新信息快速反应机制。推动商业银行建立客户信息联络员网络和联系制度，及时收集、整理、上报客户对金融服务与金融产品的需求，快速下达、实施产品创新研发部门与总部研发的金融服务与金融新产品，及时收集、反馈客户对金融服务与金融新产品的建议，不断完善金融服务与金融产品的创新。推动网络系统的升级换代，以科技创新支持金融创新信息系统的运行。三是搭建金融创新信息交流平台，建立金融创新联席会议制度，定期组织中资银行机构或中外资银行机构交流金融创新信息，研究各银行机构金融创新过程中的新情况、新问题，推动金融创新工作健康、有序发展。加强中资银行与外资银行的合作与交流，引进外资银行先进的技术、理念和产品。四是创新监管方式，提高监管服务水平。规范行政许可行为，提高办事效率，简化审核程序，为银行机构提供市场准入审批的"一站式"服务。引导和支持银行机构完善管理体制，转变经营模式，提高创新能力。五是加强金融人才队伍建设，扩大与境内外金融专业培训机构、各大专院校的合作，加快对银行机构高管人员的培训，提高金融人才队伍的素质。

第三，要鼓励商业银行拓宽业务领域，创新服务方式，满足滨海新区多层次金融需求。一是综合经营试点。天津银监局拟将滨海新区作为银银合作、银保合作、银证合作的"试验田"，实现三方合作，合作层次由销售渠道向共同研发产品和共同投资组建金融集团转变，稳步推进金融业综合经营。二是加快新区金融服务电子化、网络化建设步伐。支持各银行充分利用科技资源，不断研究、开发新型网络金融产品，如网上银行、自助银行、手机银行、呼叫中心等服务手段，建立统一的操作平台和数据处理模式，以及各类综合业务系统和管理信息系统，为客户提供全方位、多层次的"金融超市"服务，提高核心竞争能力。三是大力发展离岸金融业务。支持在滨海新区设立财务中心或资金中心的跨国公司在境内银行开立离岸账户，为跨国资金流动提供便利。四是信贷业务创新。鼓励各银行拓宽信贷业务品种，积极拓展国际贷款、买方信贷、转贷国际金融组织贷款等业务。把消费信贷、住房按揭贷款、汽车贷款、文化教育贷款、个人综合授信贷款以及批发性消费信贷等信贷业务作为新的业务增长点。积极开展银团贷款，鼓励滨海新区银行机构之间或与环渤海地区银行机构开展银团贷款合作，支持滨海新区基础设施、大型项目建设，支持滨海新区土地收购整理。五是中间业务创新。继续扩大结算类、担保类及承诺类中间业务，不断增加租赁、委托、代理、信息咨询等低风险或零风险中介业务的市场份额，重点创新多功能、高科技含量的银行卡、委托、代理融资、现金管理及保管、代理证券买卖等中间业务。开展贷款承诺业务，发展循环贷款承诺，满足企业最高限额内长期流动资金贷款的需求；发展备用贷款承诺，满足客户在指定期限和限额内的专项贷款需求。六是金融衍生工具和理财产品创新。在滨海新区试办由多家银行参与的各种期限互换、利率互换、币种互换以及相应的二重、三重互换业务。积极介入国际市场，参与远期、期货、期权等衍生金融工具交易。支持渤海银行、天津城市商业银行取得外汇衍生产品交易资格。推动各银行机构根据客户年龄、偏好、资产等标准对客户进行市场细分，为不同层次的客户提供适合的理财产品和服务，使理财服务由同质化、大众化向层次化、专门化转变。提高理财产品的附加值，将不同的理财品种捆绑销售，为客户提供"全能"式服务。

除此之外滨海新区还要推动融资渠道创新，拓宽融资渠道。一是在遵守现行法律的前提下，鼓励通过银行与信托、证券合作，推动资本性融资产品创新。二是鼓励资产证券化。在滨海新区选择适合进行资产证券化的资产（如房地产、地铁、轻轨、高速公路、水、电等具有稳定现金流的资产），开展资产证券化业务。三是大力发展产业投资基金。渤海产业基金已落户滨海新区。天津银监局将以此为契机，积极推动房地产信托投资基金试点和集合资金信托业务创新，鼓励更多的产业投资基金落户滨海新区。

三、评价与展望

（一）滨海新区金融资源评价

天津滨海新区成立至今，金融产业对当地企业发展发挥了重要支持作用，金融效率随着滨海新区开发进程的推进增长明显，贡献效果显著，但各类金融支持方式产出弹性仍然不高，金融支持效率有待进一步提升，反映出滨海新区金融支持工业企业发展过程中存在的多方面问题：

1. 政策性银行金融支持力度不足

天津滨海新区的政策性银行贷款产出弹性为 0.081，与商业银行 0.3 以上的贷款产出弹性系数相比差异明显，表明滨海新区政策性银行金融支持力度不足，政策性银行贷款未能有效满足当地工业企业的资金需求。

2. 商业银行工业贷款利用率较低

商业银行贷款作为国家级新区工业产业发展最主要的资金来源，近年来其投入额度持续上升，但滨海新区商业银行贷款产出弹性低于 0.5，表明工业贷款金融支持效率不高，大量商业银行贷款支持未能有效带动当地工业企业产值同幅度增长。其原因可能是：一方面，放贷银行对工业产业变化敏感度较低，未能及时调整放贷策略，银行向部分产能过剩企业持续注入资金而未能将贷款投入真正急需资金支持的企业，从而造成贷款资源的浪费；另一方面，审批放贷后商业银行对贷款资金用途流向关注度不足，未能形成完善的监督管理机制，造成放贷机构和工业企业内部运作间的信息不对称，致使商业银行工业贷款的利用率低下。

3. 各类型融资比例与产业内部结构不匹配

2017年，天津滨海新区工业总产值中电子设备制造业占比22%，汽车制造业占比20%；表明先进装备制造业在新区内部工业产业结构中占据主导地位。先进装备制造业具有技术要求高、创新难度大、横跨领域广的特点，生产过程中需要大量金融资本投入，仅靠银行性金融机构贷款难以满足其资金需求。融资租赁具有资金使用期限长、偿还方式灵活等多种优势，更能充分利用制造型企业的闲置设备，提升资金利用效率，是先进装备制造业理想的融资渠道，但其在滨海新区金融支持总量中占据比例极小，反映出滨海新区工业产业以银行业金融机构贷款为主要资金来源、融资渠道狭窄、融资类型单一的缺陷，与其产业结构内部特点不匹配，难以最大限度发挥金融资本对工业产业的支持效果。

（二）滨海新区发展展望

2015年4月底中央审议通过的《京津冀协同发展规划纲要》（以下简称《纲要》），意义极其重大。《纲要》指明了实现京津冀世界大城市群重大目标的基本保障——京津冀协同发展，即以首都北京为核心城市，河北省、天津市的发展要服从、服务于京津冀世界大城市群发展的需要。《纲要》的实施将有力地保障了京津冀协同发展。京津冀实施协同发展的关键是疏解北京的非首都功能，以此保障首都北京的核心功能，充分发挥一个大国在世界的政治、经济、科学、文化等方面的影响力。

在以往几十年的京津冀发展历程中，首都北京与天津市及其滨海新区的定位问题曾经存在着不同的观点与诉求。直至中央2015年通过《京津冀协同发展规划纲要》解决了分歧。

2019年1月，习近平总书记视察天津港和滨海-中关村科技园并主持召开京津冀协同发展座谈会，发表重要讲话，做出一系列重要指示，为滨海新区建设京津冀协同发展示范区和推进天津"一基地三区"建设指明了方向。2019年10月，国务院出台意见赋予天津滨海新区以新时代新定位新使命,未来滨海新区作为核心商务区,其金融发展将面临更多的机遇。

2020年,滨海新区获得了第一批国家文化和旅游消费试点城市、国家产融合作试点城市、国家外贸转型升级基地(汽车及零部件、海洋装备、医疗器械)、国家生物合成中心、国家数字服务出口基地、知识产权服务业集聚发展试验区、国家级全域旅游示范区和《天津国家自主创新示范区条例》等政策支持共计53项,国家级政策支持同比增长200%,进一步加快了滨海新区高质量发展的步伐。

第三节 河北核心CBD金融资源系统分析

一、石家庄CBD金融资源分析

(一)基本信息介绍

石家庄中央商务区(Shijiazhuang CBD)位于石家庄市"一环核心区域",总规划面积约2.6平方公里,核心区面积为1.08平方公里,范围为和平路、解放大街、裕华路、南小街、站前街、南大街和车辆厂前街围合的区域。石家庄中央商务区被石家庄市委、石家庄市政府确定为"1号工程",定位是集商务、金融、商贸、文化、旅游、休闲于一体的升级版城市级商务商业中心。

石家庄中央商务区自北向南分为金融商务北区、文化旅游中区和金融商务南区,是继北京中央商务区、天津中央商务区之后,在京津冀世界级城市群的中心城市出现的又一个中央商务区,将显著提升京津冀城市群向冀中南区域的发展辐射能力。

1. 历史沿革

2017年12月,石家庄市委十届四次全会做出建设石家庄中央商务区的战略决策。

2018年8月27日,"传承文脉,时代地标——石家庄市中央商务区推介会"在北京钓鱼台国宾馆召开,标志着石家庄中央商务区开发建设正式启动。

2018年10月,石家庄市城乡规划局发布关于《石家庄市中央商务区（CBD）控制性详细规划》的公示。

2019年6月,石家庄市政府与融创中国控股有限公司签订了全面合作开发建设石家庄中央商务区战略合作协议。

2019年10月,石家庄市城乡规划委员会召开城乡规委会第十二次会议,会议审议并原则通过石家庄中央商务区北区30、31、32地块项目规划设计等方案。

2020年1月,石家庄市自然资源和规划局发布了《关于石家庄市中央商务区北区30#地块办公楼建设项目设计方案批前公示》的通告。

2020年4月,石家庄中央商务区展示中心主体封顶。

2020年5月,石家庄市政府召开第六十八次常务会议,听取石家庄中央商务区建设工作情况汇报。

2020年7月,石家庄中央商务区展示中心正式开馆,展示中心位于石家庄市中山路与公里街交口东北角。

2. 建设背景

近年来,石家庄经济保持高速发展,城区内商圈云集,却一直没有自己的中央商务区。石家庄中央商务区的崛起填补了石家庄这一发展史上的空白。作为石家庄市委、市政府重点建设的"一号工程",石家庄中央商务区起点高、分量重,是落实"京津冀协同发展"战略的重要举措,是加快现代省会、经济强市建设的重要抓手,是全市倾力打造的"城市客厅"。

从起步建设开始,石家庄中央商务区就主动对标世界一流城市,强金融、强科创,进行定制化打造,助推石家庄屹立于京津冀世界级城市群；组织国内一流设计单位,对规划设计进行优化完善,用以彰显城市新韵,突出产业特色；同时强调环境营造，解决了若干实际问题；调整了商务金融北区地下商业整体占比，优化了路网结构和绿化布局，摆正了住宅楼宇朝向，丰富了楼宇外观形态，进一步凸显了人性化、科技化、智能化、绿色化的设计理念。

对于选址在一环核心区域，石家庄中央商务区建设指挥部办公室相关负责人解释道，这里是城市的原点，也是石家庄城市近代文化的起源地和新旧文化交融的核心，把石家庄中央商务区建在这里能够体现项目价值。公共交通十分便利，石家庄地铁1号线在商务区核心地带设解放广场站，数十条公交线路分布在商务区四周。据介绍，该区域周边聚集了众多金融保险和省级企业总部，有产业发展基础；铁路入地和车辆厂、火车站及客运站的搬迁，腾挪了大量建设用地空间；道路交通便利，公共交通优势突出，为中央商务区的建设提供了设施支撑；现存大石桥、正太饭店等大量历史建筑，传承了地域文化，助推了城市建设。

对于石家庄中央商务区在城市中的重要作用，业内专家给予充分肯定。专家认为，石家庄中央商务区布局于核心城区，将有力带动和促进老城区的改造开发，会进一步优化区域布局，完善城市载体功能，提升城市形象与文化品位。

(二) 功能定位

石家庄中央商务区是集商务、金融、商贸、文化、旅游、休闲于一体的升级版省会商务商业复合中心，规划自北向南整体分为三大功能区：金融商务北区、文化旅游中区、金融商务南区。

其中，金融商务北区对接雄安，以实现经济再腾飞为目标，重点引入实体经济总部与服务经济总部，打造彰显石家庄源生动力的对外窗口；金融商务南区对接自强街传统金融总部，重点发展科技金融与实体金融服务等产业，打造京津冀科技金融创新中心；文化旅游中区是中央商务区最具文化底蕴的区域，正太饭店、大石桥、老火车站等历史建筑林立，承载了石家庄百年积淀与老一辈石家庄人与城共生的记忆。

市民比较关注的大石桥、正太饭店、解放纪念碑等文物和历史遗存在文旅中区将得以保留，同时结合新建部分商业建筑，对标成都太古里、上海新天地打造全国顶级商业街区；中山路南侧则保留老火车站西立面，东侧新建综合服务中心，配套提供住宿餐饮、娱乐休闲等服务，与中山路北侧共同形成CBD中部区域展示传统风貌和时尚前沿的商业片区，打造省会都市文旅首站。

（三）功能分区

石家庄中央商务区地处省会城市一环核心，总占地面积2.6平方公里，分为核心区、拓展区和风貌提升区。率先建设的核心区，占地面积1.08平方公里，总建筑总面积逾220万平方米，主要分为商务金融北区、历史文化区、精品会展区、商务金融南区四大区域。

核心区地上新建建筑面积约为164万平方米，其中商务办公建筑约115万平方米，占比高达70%，将与14万平方米的商业建筑及约3万平方米公共服务建筑等，共同构建起强化CBD的产业结构升级和城市公共服务升级的重要载体空间。

石家庄中央商务区承载着石家庄的历史文化，且顺势而为让建筑延伸了其城市记忆。"在文化旅游中区，修复大石桥、正太饭店、解放纪念碑等文化记忆符号，与文化创意、艺术展览、旅游休闲等新兴文化业态相融，留住城市根脉。"刘海洋说，这里未来将是彰显城市历史的原点和城市未来的焦点，是传承石家庄记忆的城市客厅。这里将建设正太南里、正太北里、石桥文化展示区等。正太南里作为石家庄唯一的历史建筑集群会馆，以修旧如旧的手法，与正太饭店一脉相承，打造集文化传播、文化交流、品质生活等于一体的历史文化体验区，展现给世界一个有石家庄特色的正太里。

石桥文化展示区，将是全国首个文化主题的桥洞改造，保留大石桥东侧桥洞的通行，西侧桥洞受机报大楼遮挡，可考虑加入现代设计元素，打造石家庄高品位特色消费空间。建设桥洞特色商业休闲街区、桥洞图书馆等。正太北里，以生态浸泡、休闲场景、创意主力店为驱动，让游客品味小资情调，欲构建一个时尚生活体验天地。

同时，老火车站这个承载了老一辈石家庄人记忆的场所，也将焕然一新，以"时尚+"为基础，打造一系列网红新地标，创建石家庄新的人气集聚高地。在这个中央商务区还独有延绵五里的南北活力廊道，这同时也是南北延展5里的开放公园。公园面积占到总面积的22%，设有四大主题公园，十个口袋公园，具有文化体验和休闲娱乐两大主要功能，构筑富有活力的文化娱乐空间，满足居民交流互动需求。

(四) 展望

石家庄中央商务区正在筹建，它已经与北京金融街达成合作，未来将成为京津冀世界级城市群的金融副中心。

石家庄中央商务区的建设部署，承担着带动石家庄作为石保廊国家创新发展示范区、"一带一路"西通道和中通道重要枢纽、京津两大城市产业转移与人口疏解重要载体等使命，备受河北省政府的重视与支持，已成为石家庄全市城市建设工作的"一号工程"。

在京津冀协同发展的国家战略背景下，作为京津冀世界级城市群的区域中心城市，石家庄力求紧抓千载难逢的历史性窗口和战略性机遇，以石家庄中央商务区的建设为突破口，打造京津冀南部地区战略崛起的重要引擎和辐射中心，成为河北省高质量发展的新样板。

二、雄安新区基本情况分析

(一) 发展历程

雄安新区，涉及河北省雄县、容城、安新三县及周边部分区域，地处北京、天津、保定腹地，区位优势明显、交通便捷通畅、生态环境优良、资源环境承载能力较强，现有开发程度较低，发展空间充裕，具备高起点高标准开发建设的基本条件。

2017年4月1日，中共中央、国务院决定在雄安设立国家级新区。雄安新区规划建设以特定区域为起步区先行开发，起步区面积约100平方公里，中期发展区面积约200平方公里，远期控制区面积约2000平方公里。2017年12月，雄安新区入选"2017年度中国媒体十大流行语"。2018年4月14日，中共中央国务院批复《河北雄安新区规划纲要》。4月21日，《河北雄安新区规划纲要》正式发布。2018年8月8日，中国雄安集团北京有限公司在北京海淀区正式注册成立。

只有占领科技+金融的制高点，才能拥有发展的主控权。由因致果，我们看到，国内最先进的科技企业以及金融企业和机构等都是被以国际标准打造的雄安新区所吸引而在此入驻的。

设立雄安新区，是以习近平总书记为核心的党中央做出的一项重大的历史性战略选择，是继深圳经济特区和上海浦东新区之后设立的又一具有全国意义的新区，是千年大计、国家大事。对于集中疏解北京非首都功能，探索人口经济密集地区优化开发新模式，调整优化京津冀城市布局和空间结构，培育创新驱动发展新引擎，具有重大现实意义和深远历史意义。

（二）雄安新区金融资源分析

1. 金融机构及其他企业分布概况（如表2-33所示）

表2-33 雄安新区金融机构及其他企业分布概况

机构性质	具体种类
北京部分行政事业单位	中编办注册管理的各级党政机关，人大、政协、法院、检察院机关，各民主党派、人民团体机关所属的事业单位，如各类中心，同时包括医院、学校等

续表

机构性质	具体种类
总部企业	央企，国内外所有企业在京总部和办事处等
金融机构	中央银行、政策性银行、商业银行、村镇银行、非银行金融机构。主要包括国有及股份制的保险公司，城市信用合作社，证券公司（投资银行），财务公司，第三方理财公司，在中国境内开办的外资、侨资、中外合资金融机构，金融监管机构与接受监管的金融企业，等等

2. 雄安新区金融资源核心层分析

面对各类金融资源的聚集，监管部门要履行好"守门员"的职能。2017年4月11日下午，河北省金融办会同河北省证监局约谈了全省52家上市企业主要负责人。约谈主要内容如下：第一，引进金融机构总部等，打造金融资源聚集区，将积极协调中国人民银行、中国银监会、中国证监会，争取"新三板"、中国信托保障基金、证券投资者保护基金、中国保险保障基金、证券登记结算公司、印钞造币总公司以及其他央行直属机构等迁入雄安新区；争取银行、证券、保险等金融总部或者区域总部的落户。关于金融机构落户雄安，事实上，在雄安新区规划出台之后，许多金融机构都已纷纷表示全力支持雄安新区建设。第二，设立金融机构，创建金融业"雄安"品牌。未来会有包括银行、信托、证券、基金、保险等在内的金融机构具有"雄安"品牌标识。雄安银行、雄安基金、雄安证券、雄安信托、雄安保险等，将成为金融行业独特的风景线。争取中国人民银行、中国银保监会、中国证监会支持，计划设立中国雄安发展银行（全国性股份制银行）、中国雄安信托公司、中国雄安资产管理公司、中国雄安证券公司、中国雄安基金管理公司、中国雄安科技股权交易所、中国雄安财产保险公司、中国雄安人寿保险公司、中国雄安健康保险公司、中国雄安保险资产管理公司等一系列"雄安"品牌金融机构，以金融增量撬动雄安新区发展。第三，支持雄安新区辖内县级农村信用社改制重组，成立雄安农村商业银行，按照特事特办的原则，在准入方面给予支持。

3. 雄安新区金融资源实体层分析

第一，雄安新区各类金融机构概况。自 2017 年雄安新区筹备规划以来，已经陆陆续续有大批金融机构或非金融企业在此聚集，具体的发展聚集其概况如下：

2017 年九月，首批获批在新区设立的 48 家企业包括阿里巴巴、腾讯、百度、京东金融、360 奇虎、深圳光启、中国电信、中国人保等。截至 2017 年底，河北雄安新区腾讯计算机系统有限公司等 9 家已取得营业执照。其中，现代金融服务业企业占 15 家，约占全部获批企业的 1/3。在银行业金融机构中，除中国工商银行、中国农业银行、中国银行、中国建设银行等四大国有银行的雄安分行获批开业外，华夏银行雄安新区安新支行早前已开业，是全国金融业在雄安新区新设的第一家金融机构。农业银行已核定授信额度 1 500 亿元，用于雄安新区起步区棚户区改造、基础设施建设及白洋淀综合治理等项目建设；中国银行为新区建投批复贷款 220 亿元，协助雄安集团完成首笔"雄投债"募集工作。

2018 年 3 月 2 日，中国工商银行、中国农业银行、中国银行、中国建设银行四大国有银行的雄安分行同时获批开业，将进一步提高新区金融服务层级，更好地满足新区发展金融需求。

2019 年 2 月，雄安新区银行、保险、证券机构共有网点 150 个，从业人员 2 266 人。截至 2019 年 8 月，雄安新区共新设金融机构、类金融企业超过 40 家，包括大型金融机构、央企及知名企业发起设立或组建的金融分支机构、保险公司、私募基金公司、融资租赁公司、金融科技公司等，累计注册资本超过 350 亿元，雄安新区金融业态不断丰富。2019 年，雄安新区被指定为国家数字经济创新发展试验区之一，并被央行选定为数字货币 DC/EP 的首批试点城市，集聚创新要素，在数字金融领域先行先试，构建国际一流的金融科技创新平台，成为全国数字经济发展新标杆、数字金融发展的新高地。

截至 2020 年一季度末，雄安新区有银行业金融机构 19 家（二级分行 10 家，地方性法人机构 6 家，县级支行 7 家），网点数 123 个，从业人员 2 250 人；保险类机构 15 家，网点数 42 个，从业人员 1 273 人；证券业金融机构 2 家，网点数 2 个，从业人员 12 人；基金公司 2 家，从业人员 97 人。地方性金融组织共 16 家（其中小额贷款公司 9 家，融资担保公司 4 家，典当行 2 家，融资租赁公司 1 家），网点数 16 家，从业人员共计 172 人。2020 年，雄安新区金融科技应用日益广泛，区块链金融稳步发展，已有 10 家银行业机构在雄安新区项目建设、征迁补偿、人力资源管理等多个场景应用区块链金融。随着 5G、人工智能、区块链等科技的发展，雄安新区金融体系建设日臻完善，为金融科技融合发展奠定了良好基础。中国工商银行、中国农业银行、中国银行、中国建设银行、中国交通银行、中国邮政储蓄银行（以下简称"邮储银行"）等六大国有银行（以下简称"六大行"）对金融科技相关的投入，在银行业中处于无可撼动的地位。资金投入方面，2021 年上半年，邮储银行信息科技投入 52 亿元，占营业收入比重达 3.3%；而 2020 年，六大行的信息科技投入超 950 亿元，接近银行业信息科技总投入的一半。在人员投入方面，截至 2021 年上半年末，中国建设银行金融科技人员高达 1.4 万人，中国交通银行、邮储银行相关人员超 4 000 人。

2021 年 9 月 28 日，雄安新区 2021 年三季度重点建设项目集中开工仪式举行，集中开工的 21 个重点建设项目，总投资 215 亿元，年度计划投资 70 亿元。这标志着新区重点项目建设又迈上了一个新台阶，掀起了高标准、高质量推进雄安新区建设的新高潮。

第二，雄安新区具体政策。建设雄安新区，在注重金融资源的丰富程度以及金融机构的落户状况等的同时，也需要国家有好的政策扶持。经过国内外顶尖规划团队和众多专家长时间的打磨，制定了《河北雄安新区规划纲要》（以下简称《纲要》）。《纲要》为雄安新区擘画出一幅充满生机与活力的高水平高质量的社会主义现代化典范之城、希望之城、创新之城的宏伟蓝图，为雄安新区的发展提供了强大的支撑与指引。

《纲要》中提出，雄安新区作为北京非首都功能疏解集中承载地，与北京城市副中心形成北京发展新的两翼，共同承担起治理北京"大城市病"的历史重任。可见，雄安新区承接北京非首都功能疏解是其与生俱来的重要责任，尤其在起步阶段离不开北京优质资源的注入，北京同样也需要雄安新区的"合作共赢"。建设雄安新区是"千年大计、国家大事"。雄安新区作为"新时代高质量发展的全国样板"，是一座中心城市、枢纽城市，这不仅符合对接首都、带动河北、成为京津冀世界级城市群的重要一极的现实需要，还符合城市化发展的规律。在城市化发展初期，城市发展往往呈现出"单中心"聚焦态势，聚集了区域内的各种优质资源要素并不断"摊大饼"式地扩张，从而引发了"大城市病"。现在城市化已经进入了高级阶段，即进入了"多中心""组团式""扁平化"的发展阶段。现有的东京、巴黎、伦敦、纽约、芝加哥等世界级城市群的发展充分证明了这点。因此，未来城市发展水平的不仅取决于城市规模，更取决于其在城市网格中的地位。雄安新区担负着重要历史使命，虽然需要北京的支持与合作，但一定要明晰自身作为独立中心城市的战略定位，在城市规划、产业定位、制度创新等方面都要敢于挣脱各种桎梏，努力走上京津雄"三足鼎立"、竞合发展的良性道路。

2021年7月29日，河北省十三届人大常委会第二十四次会议审议通过《河北雄安新区条例》。这是雄安新区首部综合性地方法规，于2021年9月1日起施行。《河北雄安新区条例》聚焦规划与建设、高质量发展、改革与开放、生态环境保护等八个方面，构建起雄安新区制度体系的"四梁八柱"。

4. 雄安新区金融资源功能层分析

雄安新区作为京津冀CBD的一员，其主要定位是国内金融中心。设立雄安新区，不仅是建一座新城来集中疏解北京的非首都功能，更重要的是要"以新立城"——建设一座以新发展理念引领的现代新城。同时，设立雄安新区这样一个国家级新区，能够进一步优化京津冀城市群的产业结构布局，推进京津冀各大城市之间的交流合作，改变过去三地断崖式发展的格局，为京津冀城市群的发展注入源源不断的活力与动力。

5. 发展历程一隅——雄安新区金融岛

为了拥有发展的主动权，雄安新区金融岛建设正有条不紊地进行着。2019年，中国雄安集团招标采购管理平台发布《雄安新区金融岛开发建设投融资测算咨询机构比选项目比选公告》，宣布启动区金融岛总建设用地面积约2.5平方千米，总建筑面积（地上+地下）近1 000万平方米，主要功能为商业办公类建筑、居住功能建筑，并具有文化教育等其他支撑功能。按照"启动区控详规"，启动区规划面积38平方千米，城市建设用地26平方千米。规划中在高端高新产业方面将集中打造金融岛、总部区、创新坊等产业功能片区，发展新一代信息技术产业、互联网和信息服务产业、现代生命科学和生物技术产业、现代金融业、软件信息服务和数字创意产业、其他高端现代服务业。

（三）评价与展望

1. 雄安新区金融资源评价

区域经济一体化已经成为世界经济发展的一个重要趋势。在我国的区域经济协同发展过程中，京津冀、珠江三角洲以及长江三角洲分别占据不同的重要地位。随着经济局势的变化，珠江三角洲和长江三角洲的发展取得了较大成果，并形成了经济联系密切的新城市集群，经济发展态势一片大好。而京津冀地区，在地理位置上三地交通网纵横交错，经济协同发展相对缓慢。

虽然雄安新区是作为舒缓首都金融资源拥挤状况而筹备起来的，但随着近几年京津冀协同战略的实施，一些问题也逐渐显露出来，并影响着京津冀协同发展的成果。例如，经济落差明显、中心城市辐射力有限、空间结构布局不合理、资源环境约束等。这就需要雄安新区在规划的同时，注重这些问题带来的影响，逐个击破，稳扎稳打，圆满完成辅助首都金融中心的任务。

2. 雄安新区发展展望

作为一座承担着落实新发展理念的历史重任的城市，雄安新区在未来力争做到五大发展理念同步推进协同发力，率先把"未来之城"的城市印象做优做美，增强城市的美誉度和吸引力，以优质的智慧宜居环境、较低的创新创业成本、便捷高效的政务服务、美好充裕的成长空间等，集聚京津冀乃至全国全球创新要素和资源。

第四节　京津冀核心 CBD 金融资源系统分析结论与金融资源优化建议

本书运用金融资源理论，针对京津冀九个 CBD 金融资源进行系统分析，即对京津冀 CBD 金融资源进行实体层（组织、业务、市场、政策）及核心层（银行、证券、保险、外资）进行剖析，确定了京津冀 CBD 金融资源的发展阶段与功能进行定位：①北京 CBD 金融资源发展处于成熟阶段，是京津冀金融资源的塔尖，是国际性 CBD；②天津 CBD 金融资源处于转换阶段，是京津冀金融资源的塔身，是全国性 CBD；③河北 CBD 金融资源处于初级聚集阶段，是京津冀金融资源的塔基，是区域性 CBD。

由此，本书提出京津冀 CBD 金融资源优化路径在于：承认京津冀 CBD 金融差异的客观性，整合京津冀 CBD 金融资源，实施整体性优化，实现资源共享、分工合作，进而促进京津冀经济协调发展，并提出以下加点优化建议：

第一，北京市的金融发展未来要继续服务于城市整体的经济结构调整，为区域内其他城市提供获得更多金融资源的机会。北京一方面承担着京津冀金融发展龙头的角色，同时也承担着改善区域发展空间格局和优化调整经济发展结构的重大任务。因此，北京的金融业发展结构优化调整是当前的重中之重，这样的调整工作给城市群中的其他城市更多促进当地金融发展的机会，这对于区域内金融协同发展是重大利好。

第二，天津市要抓住北京金融资源向天津市转移的契机，大力发展金融创新项目，在金融发展水平不断向北京看齐的同时，继续连同北京发挥对周边城市的带动作用。而提升金融行业发展的质量和效益离不开金融创新工作。天津市相较于其他河北省的城市，在地理位置和自身金融发展实力上优势更大，在此基础之上加大对于投融资业务的支持力度，有助于天津市金融发展活力向北京看齐的同时展现出天津自身特色，进而在提升金融发展质量的同时更好地服务于实体经济发展。

第三，以石家庄为代表的河北省南部城市要对于自身金融活力进行补充，大力推出多样化的金融产品和进行市场创新，以此激活地区整体金融活力，这是使得周边金融发展水平较高城市能够发挥带动作用的基础。石家庄对于周边城市的金融发展带动能力不强与这些城市自身金融活力的匮乏有很大关系，与之相对应，这些城市在金融市场、机构以及产品的多样性和创新性上还有很大的发挥空间，完善金融业发展的"基础设施"将使原本金融活力较为匮乏的城市从中获益。

第四，雄安新区建设为打通京津地区与河北省南部其他城市之间的联系创造了条件。通过前面的相关研究我们发现，在京津冀城市群金融资源发展过程中南北差异较大，且南北之间缺乏联系，存在一定的脱节现象。国家大力支持雄安新区建设，不仅是为疏解非首都功能提供了条件，也为打通南北联系提供了渠道，雄安新区作为京津冀协同发展的桥梁，对于未来金融资源在京津冀地区更加合理配置提供了新的思路。

第三章 京津冀拓展CBD金融资源系统分析

第一节 中关村自创区金融资源系统分析

一、中关村自创区基本情况分析

中关村国家自主创新示范区（以下简称"中关村自创区"）源于20世纪80年代初期的中关村电子一条街，是中国改革开放的产物。

从1994年4月起，经国家科委（1998年更名为科技部）批准，北京市新技术产业开发试验区和中关村科技园区先后三次调整范围，经历了"一区三园""一区五园""一区七园"的格局调整阶段，但政策区域范围始终保持100平方千米不变。2006年1月，经国务院批准，国家发展改革委发布公告，审核确定中关村科技园区规划用地总面积为232.52平方千米。随后，国土资源部公布了中关村科技园区的海淀园、丰台园、昌平园、电子城、亦庄园、德胜园、石景山园、雍和园、通州园、大兴生物医药产业基地等10园规划用地的四至范围。2012年10月，国务院印发《关于同意调整中关村国家自主创新示范区空间规模和布局的批复》，原则同意对中关村国家自主创新示范区空间规模和布局进行调整。调整后，中关村示范区空间规模扩展为488平方千米，形成了包括海淀园、昌平园、顺义园、大兴-亦庄园、房山园、通州园、东城园、西城园、朝阳园、丰台园、石景山园、门头沟园、平谷园、怀柔园、密云园、延庆园等16园的

"一区多园"发展格局。

中关村自创区拥有以北大、清华、中科院为代表的知名大学、科研院所，基础研发资源雄厚；以智源研究院、量子研究院、微芯研究院为代表的研发机构体制机制灵活，不断贡献活力；以大信息、大健康为代表的高精尖产业体系持续引领示范，助力区域高质量发展；大学科技园、创新型孵化器等创新载体不断涌现，股权投资机构、知识产权服务机构、人才服务机构、联盟协会等创新要素加快聚集，创新创业生态持续优化。百度、小米、字节跳动等一批知名科技企业从这里走向世界，微软小冰、寒武纪、兆易创新、旷视科技等高成长创新型科技企业异军突起，微软、IBM、SAP等国际企业在这里设立研发中心，生机勃发的"创新雨林"生态正在形成，海淀"双创"示范基地连续5年获国务院表彰。2020年，中关村科学城园区企业总收入2.95万亿元，海淀区地区生产总值突破8 500亿元，连续五年位居全市第一。截至2021年11月30日，中关村科学城国家级高新技术企业保有量达10 604家，约占全市37%；独角兽企业40余家；上市企业252家，连续多年位居全国地级市（区）首位（如表3-1所示）。

表3-1 海淀园主要经济指标增长情况

项目	单位	2019年	2020年	2020年为2019年的（%）
总收入	亿元	29 496.3	27 459.4	107.4
技术收入	亿元	8 676.4	7 491.0	115.8
产品销售收入	亿元	5 735.8	5 780.8	99.2
商品销售收入	亿元	10 948.6	10 291.3	106.4
实缴税费总额	亿元	794.3	872.8	91.0
出口总额	亿元	1 262.2	940.4	134.2
利润总额	亿元	1 870.9	1 455.0	128.6
园区企业数	个	13 726	12 331	111.3
年收入亿元以上企业数	个	1 694	1 723	98.3

续表

项目	单位	2019年	2020年	2020年为2019年的（%）
从业人员期末人数	万人	134.2	130.2	103.1
孵化器数	个	228	238	95.8
累计孵化企业数	个	23 255	22 187	104.8
加速器数	个	7	7	100.0
大学科技园数	个	19	19	100.0
国家级大学科技园	个	13	13	100.0

资料来源：《2021北京海淀统计年鉴》。

二、中关村自创区金融资源分析

（一）中关村自创区金融资源核心层分析

截至2022年2月，中关村地区各类持牌金融机构达133家（如表3-2至表3-4所示）。其中，银行机构74家，大型国有商业银行28家，股份制商业银行23家，城市商业银行15家，农村商业银行6家，外资银行2家；证券公司48家，分公司4家，营业部44家；保险公司9家，财产险1家，人身险7家，资产管理1家；消费金融公司1家，金融业态不断丰富。

表3-2 中关村地区银行名录

银行性质	部分银行名录	数量
国有大型银行	中国建设银行股份有限公司北京中关村南大街支行	共计28家
	中国农业银行股份有限公司北京中关村北一街支行	
	中国建设银行股份有限公司北京中关村软件园支行	
	中国工商银行股份有限公司北京中关村南路支行	
	中国邮政储蓄银行股份有限公司北京海淀区中关村东路营业所	
	中国银行股份有限公司北京中关村北大街支行	
	中国邮政储蓄银行股份有限公司北京海淀区中关村南大街支行	

续表

银行性质	部分银行名录	数量
股份制商业银行	浙商银行股份有限公司北京魏公村支行	共计23家
	中国民生银行股份有限公司北京中关村东升科技园小微支行	
	招商银行股份有限公司北京清华科技园支行	
	中信银行股份有限公司北京中关村支行	
	招商银行股份有限公司北京中关村支行	
城市商业银行	徽商银行股份有限公司北京中关村支行	共计15家
	宁波银行股份有限公司北京海淀科技支行	
	北京银行股份有限公司中关村科技园区支行	
农村商业银行	北京农村商业银行股份有限公司海淀支行科学院分理处	共计6家
	北京农村商业银行股份有限公司海淀支行魏公村分理处	
	北京农村商业银行股份有限公司中关村支行	
外资银行	汇丰银行（中国）有限公司北京清华科技园支行	共计2家
	汇丰银行（中国）有限公司北京中关村支行	

资料来源：中国银行保险监督管理委员会。

表3-3　中关村地区主要券商名录

公司层级	部分券商名录	数量
分公司	东北证券股份有限公司北京中关村分公司	共计4家
	东莞证券股份有限公司北京分公司	
营业部	安信证券股份有限公司北京中关村东路证券营业部	共计44家
	安信证券股份有限公司北京中关村南大街证券营业部	
	华泰证券股份有限公司北京学院南路证券营业部	
	财信证券有限责任公司北京中关村东路证券营业部	
	兴业证券股份有限公司北京中关村北二街证券营业部	
	中信证券股份有限公司北京中关村东路证券营业部	
	国海证券股份有限公司北京中关村大街证券营业部	
	新时代证券股份有限公司北京中关村东路证券营业部	
	中信建投证券股份有限公司北京中关村东路证券营业部	
	财信证券有限责任公司北京中关村东路证券营业部	
	第一创业证券股份有限公司北京中关村证券营业部	

资料来源：中国证券监督管理委员会。

表 3-4 中关村地区保险名录

保险种类	保险公司名录	数量
产险	中国人民财产保险股份有限公司北京市海淀支公司海淀黄庄营业部	共计1家
人身险	泰康人寿保险有限责任公司中关村创新中心	共计7家
	中国太平洋人寿保险股份有限公司北京市中关村支公司	
	中意人寿保险有限公司北京分公司海淀营销服务部	
	中意人寿保险有限公司北京分公司海淀营销服务部	
	复星保德信人寿保险有限公司北京海淀支公司	
	新华人寿保险股份有限公司	
	中国人寿保险股份有限公司北京市分公司海淀黄庄营销服务部	
资产管理	安联保险资产管理有限公司	共计1家

资料来源：中国银行保险监督管理委员会。

（二）中关村自创区金融资源实体层分析

1. 业务情况分析

2020年以来，中关村自创区经受疫情大考后稳健前行，经济运行展现出良好韧性，呈现增长稳、创新强、动能新、活力足的高质量发展特征，在北京国际科技创新中心建设中主阵地地位更加凸显，在支撑国家实现高水平科技自立自强中发挥硬核引领作用。北京中关村的创新驱动成果主要集中在以下五个方面：

第一，原创性引领性创新更加凸显，创新能级实现新跃升。中关村自创区坚持科技自立自强，持续强化原创性引领性科技创新，形成了创新资源高度密集、创新活力强劲和创新成果持续涌现的融通开放创新格局。基础研究源头供给能力增强，强化国家战略科技力量支撑，积极服务国家实验室、新型研发机构等创新平台加快落地发展，截至2020年底，中关村示范区拥有国家重点实验室128个，当年入选科睿唯安"全球高被引科学家"有231人。企业创新主体地位凸显，2020年中关村自创区企业研究开发费用支出3 785.4亿元，同比增长11.3%，有69家企业入选欧盟"2020年全球企业研发投入2 500强"；企业PCT申请量6 193件，同比增长33.5%，累计创制国际标准及国外先进标准505项。创新根基不断夯实，涌现了国际首台量子直接通信原理样机、全球首款96核区块链专用加速芯片、最大智能模型"悟道2.0"、全球首个治疗肝衰竭的干细胞新药等一批突破性重大创新成果。围绕科技抗疫、科技冬奥、航空航天等国家重大需求，一批重磅新技术新产品在加快应用。

第二，高精尖产业集群不断壮大，高质量发展孕育新动能。中关村自创区经济发展韧性彰显，引领支撑首都高质量发展。2020年自创区有亿元以上企业3 991家，上市企业中千亿元企业有14家，估值超百亿美元的超级独角兽企业有4家。2020年自创区实现增加值1.1万亿元，占全市地区生产总值的31.3%；总收入7.2万亿元，占全国高新区的1/6，同比增长8.8%，其中技术收入对总收入增长贡献率达到44.0%。聚焦新一代信息技术和生物医药两大产业，紧抓数字经济发展机遇，汇聚经济发展新动能。新一代信息技术产业引领支撑作用强劲，2020年实现总收入3.5万亿元，同比增长17.8%。生物健康产业竞争优势凸显，2020年实现总收入2 937.1亿元，同比增长6.3%，获批上市的一类新药、创新医疗器械数量处于全国领先位置。数字经济成为高质量发展新引擎，2020年数字经济核心产业总收入2.2万亿元，同比增长25.4%，对中关村自创区总收入增长贡献率达76%。人工智能、机器人、新材料、绿色能源与节能环保等新赛道亮点纷呈。

第三，创新创业生态持续升级，硬科技创业焕发新活力。中关村自创区创业活动保持高活跃度，2020年新设立科技型企业2.6万家，平均每天新设立科技型企业72家；企业获得风险投资280.8亿美元，在全球城市中位居第二位。中关村自创区着力打造全链条全生命周期的双创服务体系，为双创主体提供专业化、集成化、高端化服务。截至2020年底，中关村自创区拥有国家级科技企业孵化器63个，国家级众创空间118个，硬科技孵化器42家。2020年，中关村自创区孵化机构在孵企业数6 677家，累计毕业企业数量达12 094家。硬科技初创企业加速成长，一批聚焦关键核心技术、前沿领域的初创企业成立不足一年便获得风险投资，成长为独角兽企业。

中关村自创区企业化危为机，加快国际拓展。2020年，中关村自创区出口总额2 667.8亿元，同比增长6.4%，占全市的近六成；上市企业实现海外收入1.1万亿元，同比增长5.9%；自创区企业境外直接投资额88.5亿元，同比增长43.3%。中关村自创区企业积极驰援"一带一路"沿线国家的科技抗疫和基础设施建设。

中关村自创区服务京津冀协同发展战略。截至2020年底，中关村自创区企业累计在京津冀地区设立分支机构9 000余家，在生物医药、大数据、汽车制造、机器人等领域推动创新链产业链融合，助力京津冀地区传统产业数字化转型升级。

第四，宜居宜业环境持续优化，园区高品质建设实现新提升。中关村自创区落实北京打造国际一流营商环境高地的工作部署，对标先进、锐意改革、集成政策，推动营商环境和园区品质优化提升。

北京首次晋升为"2021年全球创业生态系统最佳城市"。中关村自创区加大先行先试改革力度，2020年开展公司型创投企业所得税优惠政策、技术转让所得税优惠政策等系列试点，推出"强链工程"、独角兽企业行业管家等服务新举措，在金融科技、互联网平台等新兴领域中探索包容审慎监管模式，支持行业协会、产业联盟推进行业自律和规范发展。

园区综合品质不断提升。中关村自创区加快推进国际人才社区建设，积极拓展城市科技新场景，打造以人为核心的绿色化、智慧化科技园区生态。

2. 政策情况分析

第一，多层次政策支持。首先，政府财政支持科技创新。伴随着北京中关村的扩大和发展，政府财政资金的投入，推动了民间资本对于科技企业的支持与发展。其次，制度供给优化科技创新。推进创业投资服务体系建设，依托北京中关村打造创新引领科技园区；国家外汇管理局正式批复同意中关村外债便利化有关政策建议，延续中关村核心区（海淀园），同意将西城园、朝阳园、通州园、昌平园、顺义园、亦庄园等六个园区新纳入试点范围。这期间北京佳讯飞鸿电气股份有限公司1 300万欧元的外债便利化融资已完成。再次，政策开放推动全球金融资源整合创新。近年来，北京中关村持续打造与国际接轨的创新生态系统，提高全球资源链能力。一方面，创新人才供给服务，集聚全球高端。2018年，中关村自创区国家级、市级高层次人才约占全国的1/5。专业化人才领跑全国，中关村自创区拥有天使投资人超过2万名，占全国的近八成。2019年，中关村自创区13人入选福布斯发布的"2019年亚洲30位30岁以下杰出青年"，占我国入选者的两成以上；15人入选财富发布的"2019年中国最具影响力的50位商界领袖"，占全国的三成。另一方面，国际顶尖创新机构加速集聚，优质高精尖技术和项目加快落地。微软、IBM、苹果等全球500强企业已在北京中关村设立总部型分支机构或研发中心；美国Plug&Play、以色列Trendline、微软创投加速器等国际孵化也纷纷入驻。最后，鼓励创业孵化机构积极走出去，开展创新合作。太库、盛景网联等创业孵化机构积极以开设海外分支机构等方式开展跨境孵化，吸引全球各地的优秀创新项目。2020年，中关村自创区企业拥有留学归国人员及外籍从业人员6.1万人，同比增长15.6%；吸引外商实际投资额83.4亿元，同比增长68.3%，有134家《财富》世界500强企业在中关村自创区设立了分支机构。中关村自创区依托高规格活动平台汇聚国际创新资源，"2021中关村论坛"升级为面向全球科技创新交流合作的国家级平台，成为我国开放创新的"金字招牌"。

2021年12月，北京市科委、中关村管委会发布科技创新型中小企业"育英计划"，该计划旨在发挥市场主导、政府引导的有效机制，聚焦高精尖领域，加强企业精准对接和培育辅导，着力培育创新能力强、成长速度快、科技成色足的中小企业，提升企业规范运作意识和公司治理水平，促进企业高质量发展。

"育英计划"将建立"育英"企业储备库并动态更新。入库标准综合考虑企业的科技创新能力及财务水平，主要包括发明专利、创新产品、研发投入等创新型指标，以及参照北交所上市的财务标准。2021年初步建立825家"育英企业"基础库。未来，"育英计划"还将进一步聚焦人工智能、集成电路、医药健康、前沿材料等重点领域，通过各区、创投机构、联盟协会推荐等渠道，定期增补符合入库标准的企业。对于纳入"育英计划"的企业，北京市科委、中关村管委会将会同全国股转系统、北交所为企业提供挂牌、上市专项服务。主要分为两个阶段：在第一阶段，提供申报挂牌前培育规划、提前辅导对接。例如：为企业提供资本市场规划咨询，推动企业利用资本市场进行股权和债权融资；普及证券市场基本知识，培育企业规范发展；组织券商等中介机构积极与入库企业交流对接，开展辅导咨询；入库企业与主办券商签订挂牌并持续督导协议后，开展专人对接、审前咨询，降低企业时间成本等。在第二阶段，企业挂牌后，将获得包括制度及政策宣讲、投融资对接服务等在内的管家式服务。

第二，实现资本市场与风险投资市场共同发展。风险投资市场是资本市场发展到一定程度后的必然结果，而风险投资市场的发展反过来又可以促进资本市场的进一步完善，两者具有互相推动、相辅相成的关系，这也是促进科技金融发展的一个必不可少的途径。同时，建立一个完善的、多元化的风险投资退出渠道也很重要。北京中关村一直重视金融与科技的结合，这也是自创区高新技术发展迅速的最主要原因。北京中关村是国内第一个尝试金融支持科技发展的科技园区，经过不断发展和完善，最终形成了比较成熟的科技金融体系，并且实现了融资渠道的多元化，包括VC/PE、企业债券和信托计划、技术产权交易等。

各个部门为了推进金融科技的发展而互相协作。在北京市政府的主导下，科技部等其他部门和委员会创建了新的组织模式，并建立了联席会商工作机制。中国人民银行在中关村的支行为了给科技创新提供融资支持，积极开展在北京中关村内的各项科技金融试点工作。在北京银监局的指导和组织下，中关村成立了科技金融服务创新工作小组，另外在北京市政府的领导下，又成立了专门服务于高科技企业的科技金融工作小组，这些都为北京中关村科技园区的科技金融发展提供了强有力的支持和帮助。

为了创造一个良好的科技发展环境，北京市政府高度重视制度的供给，先后出台了一系列鼓励科技金融的政策和行规；设立了市政府投资引导基金，加强对基金的管理，建设了完善的基金体系；出台了一系列鼓励发展资本市场的政策，并不断改革资本市场，朝着多层次性资本市场方向发展，增强资本市场的金融服务功能；鼓励中小型科技企业积极开拓融资渠道，运用资本市场进行直接融资，以满足科技创新的资金需求。

利用外汇改革来拓宽融资渠道，积极开展跨境金融试点工作，在条件允许的情况下，批准企业借入外债；推进跨境并购的改革，简化审批的流程，允许中关村企业提前申请并购款项，并进行预先支付，实现了重点突破，从传统的"串联"变成"并联"模式；为了进一步推动贸易的发展以及方便科技企业的融资投资，正式启动了结汇管理试点工作。

从2001年开始，北京中关村为了促进科技企业与金融业的结合，出台了诸多开创性的政策措施。2001年，出台了关于企业信用制度管理的实施办法。在办法正式实施之后，2003年便成立了企业家信用自律组织，督促科技园区内的企业注意信用管理，形成了良好的企业信用环境，建设了完善的企业信用体系。2006年，中关村和人民银行建立合作关系，签署了战略合作协议，进一步促进园区信用信息和中国银行企业信息的共享，在一定程度上增强了园区信用体系的影响力，并为中关村科技园区内的企业融资创造了良好的条件。2009 年，中关村管委会制定了关于信用保险的管理办法，不仅推动了科技企业的技术创新，而且开拓了以信用保险获取贸易融资的方式。2014 年 6 月，为加快国家科技金融创新中心建设，中关村印发《中关村国家自主创新北京中关村企业改制上市和并购支持资金管理办法》；相关政策支持还有《中关村国家自主创新示范区债务性融资机构风险补贴支持资金管理办法》《中关村国家自主创新示范区中小微企业担保融资支持资金管理办法》《中关村国家自主创新示范区中小微企业银行信贷创新融资支持资金管理办法》《中关村国家自主创新示范区中小微企业小额贷款支持资金管理办法》《金融支持中关村国家自主创新示范区中小科技型企业投标承接重大建设工程项目的若干措施》《关于支持中关村国家自主创新示范区瞪羚重点培育企业发展的若干金融措施》《中关村国家自主创新示范区天使投资和创业投资支持资金管理办法》，充分发挥财政资金的引导作用，为全国科技创新中心建设和京津冀协同发展发挥引领支撑作用。

第三，商业银行创新金融产品。北京地区商业银行持续强化科技信贷创新，服务科创企业取得较好成效。多年来，北京银行业监管机构紧密联合中关村管委会，积极使商业银行的专营组织机构在此设立，科技信贷产品和服务不断得到开发，并且适合科技创新型企业的特点，差异化监管试点工作也逐渐开展起来。截至 2022 年，中关村的科技金融机构的数量占比已经稳居全国首位，这得益于银行 4 家分行的入驻、56 家科技金融专营组织机构的设立以及将近 100 家银行支行的创建。北京中关村科技金融创新产品的先行先试，使科技金融得到了长足的发展。例如，北京银行业为了促进科技金融的发展，采取了投贷联动行动，在 2016 年 9 月，北京银监局联合金融局以及中关村管委会引发了关于投贷联动相关措施的通知，确定北京地区作为投贷联动的试点，并且建立了相应的风险补偿机制，即在可接受程度内风险补偿可达到 50%，使得投贷联动的第一个难题得到解决；紧接着在 2016 年 11 月，北京仁创生态环保科技股份公司成功申请到国家开发银行北京分行的贷款达 3 000 万元，在中关村，全国第一个投贷联动的项目"国开科创"作为国家开发银行的投资平台，也获得了 3 000 万元的资金投入，用于海绵城市及科技环保等方面的科技研发工作；2017 年 7 月，中关村银行正式运营，它所关联的领域有集成电路、新型能源、新型材料以及海绵城市等，在初始阶段，科创企业的占比接近 40%，这也是北京市第一家民营银行。目前，中关村银行持续立足于服务"三创"（创客、创投、创新），不断积累为科创和小微企业提供金融服务的经验，持续探索差异化、特色化的服务模式，从"投贷联动"和"场景智慧金融"两个着力点切入，打造中关村银行的特色科技平台，链接整合科创金融生态服务伙伴，致力于为科技型中小微企业提供全面综合的金融解决方案。中关村其他银行也紧紧围绕着中关村企业融资的特点，不断地改进科技金融服务制度，不断创新业务形式，不断增强风险控制技术，并积极探索新的选择权贷款、股债贷结合模式，推进与发展科技金融服务专业化。例如，中国工商银行北京分行设立 50 亿元"北京工盈中关村科创基金"，率先运用在开展投贷联动；招商银行北京分行与投资机构协商配合，在创业种子期引入摩拜单车，将其看成主办行，提供一系列服务，如供应链融资、资金托管等；"中关村投贷联动共同体"在北京银行支持下创立，为使投贷联动生态圈得到改善采取系列措施；等等。

综上，北京中关村科技金融的发展模式可以概括为以政府为主导，以法规为支撑，以形态资本市场建设为推动，以银行金融创新支持和信用体系建设为两翼的创新模式，经过多年发展，北京中关村创新型企业综合实力不断增强，形成了有中国特色的中关村科技金融发展模式，并且取得了骄人成绩。

3. 市场情况分析

2017 年 1 月 20 日，国务院办公厅发布《关于规范发展区域性股权市场的通知》（国办发〔2017〕11 号），明确了区域性股权市场是主要服务于所在省级行政区域内中小微企业的私募股权市场，是多层次资本市场体系的重要组成部分,是地方人民政府扶持中小微企业政策措施的综合运用平台。2017年5月8日,证监会发布第132号令《区域性股权市场监督管理试行办法》,明确指出:"区域性股权市场是为其所在省级行政区域内中小微企业证券非公开发行、转让及相关活动提供设施与服务的场所。除区域性股权市场外,地方其他各类交易场所不得组织证券发行和转让活动。"2017年7月31日,北京市人民政府发布通告,明确北京股权交易中心是经北京市人民政府批准的全市唯一一家区域性股权市场运营机构。

北京股权交易中心有限公司(四板市场)是中关村股权交易服务集团的全资子公司,主要股东包括北京国管中心、中关村发展集团、中信建投证券、深交所、首创证券、银河证券等,注册资本5亿元,管理天使、创投、并购、债券等各类基金,管理基金规模超过20亿元。截至2021年底,北京股权交易中心有限公司已累计服务挂牌展示企业6 240家,累计登记托管企业2 201家,累计双向转板挂牌上市企业282家,拥有会员机构456家;帮助企业实现各类融资总计约455.2亿元,其中,私募(可转)债融资78.7亿元,股权融资376.5亿元;投资者47 288户,权益过户累计8 094笔,金额达888.4亿元。

(三) 中关村金融资源功能层分析

1. 科技金融的内涵

结合科技金融内涵与特征,归纳北京中关村科技金融的内涵为:

第一,北京中关村科技金融是改革开放以来在政府主导下科技与金融逐渐融合发展的立体融资模式,是金融资本通过多维度、多层次主动介入科技创新并推进高金技术产业发展的典范。

第二,北京中关村科技金融是以科技创新发展为目标的科技金融,它由政府积极投入开始,吸引更多风险资金进入,在高新技术产品产业化过程中凸显科技创新的市场价值,是政策与资本共同推动的结果。

第三,中关村科技金融是资金与人才共同推动运作的典范,形成了

"人才—金融—科技"的良性金融循环体系。

2. 科技金融的特征

（1）多样性与协同性。北京中关村的科技与金融相互融合的方面体现在科研创新的开始过程、成果转化过程以及成果产业化生产过程，不同的金融手段在科技创新的不同阶段发挥不同的功能。中关村的科技金融并不是单独的个体，是科研、知识、金融机构与政府援助等的有机结合，采用科学的手段将各方面的资源有效整合起来，发挥了"1+1>2"的作用，从而实现科技创新主体、知识创造实体与资本供应主体的深层合作。

（2）流动性与外溢性。北京中关村的科技金融是一个开放的领域，各个园区拥有不同的创新能力和科技金融实力，从而使得各园区发挥最大的作用，向着不同的方向发展，并且其对北京地区科技金融发展具有积极的带动作用，体现了其外溢性特征。

（3）系统性与聚合性。北京中关村聚集整合金融资源，围绕建设国家科技金融创新中心的战略目标，全面打造"一个平台、八大产品"的科技金融服务体系。其中，"一个平台"是指中关村北京中关村科技金融综合服务平台（科技金融超市），"八大产品"是指中关村小微企业信贷融资绿色通道、科技投资服务产品、科技信贷服务产品、科技担保服务产品、天使投资引导基金、科技金融专项委托工作、创办《中关村科技金融》期刊、构建北京中关村科技企业信用体系。科技产业的扎堆，众多充满活力的投资机构的存在以及金融资源的汇集，使得中关村成为国内最为完善的科技金融一体化场所，其特点是"一个基础、六项机制、十条渠道"。以企业建立的"一个基础"为基点，实现科技和资本的高效结合，采用天使投资、代办股份和担保金融等手段，让创新性的金融产业存在于市场中，更好地为中小型企业服务，使得科研成果得以市场化发展。

（4）评价与展望。中关村国家自主创新示范区集聚了大量高端创新要素和支持科技创新的金融资源，是国际上颇具特色和活力的科技创新中心，肩负着引领全国走创新发展道路的重任。中关村具有全国领先的科技金融发展基础，集聚了大量的创新型金融机构，是我国创业投资最活跃的区域。加快推进中关村建设国家科技金融创新中心，有利于充分发挥中关村科技与金融结合发展的丰富经验，有利于示范引领和辐射带动全国科技金融创新体系的形成，为抢占全球科技创新和高技术产业发展新的战略制高点提供强有力的支撑。

科技金融是促进科技创新和高技术产业发展的金融资源综合配置与创新服务，是实现科技与金融更加紧密结合的一系列体制机制安排。科技金融创新包括金融制度、业务、组织、市场的创新，是国家技术创新体系和金融创新系统的重要组成部分。应当充分认识建设国家科技金融创新中心的重要意义。建设国家科技金融创新中心是提升自主创新能力、建设创新型国家的战略需要。

建设国家科技金融创新中心的指导思想是深入贯彻落实科学发展观，坚持金融服务实体经济的本质要求，深刻把握科技创新与金融创新的互动发展规律，以把中关村建设成为具有全球影响力的科技创新中心和创新型国家的重要引擎为目标，以解放思想、深化改革为动力，以科技金融创新为核心，以科技金融政策为激励，以科技与资本对接平台为保障，加强科技金融组织体系、市场体系、产品体系、服务体系的系统创新，建立覆盖科技创新与高技术产业发展全过程的科技金融体系，发挥中关村科技金融的辐射带动和引领作用，促进重大科技成果转化和产业化，支持科技企业成长壮大，培育发展战略性新兴产业，使中关村成为国家科技金融创新中心，促进我国科技创新实力整体提升。

打造中关村科技金融品牌。搭建中关村企业和各类金融机构之间的沟通交流平台，与境内外有关方面建立科技金融交流合作机制。联合国家相关部委和社会相关机构，举办"中关村科技金融论坛"和各类专项金融论坛。开展科技金融宣传推广和信息交流活动，打造具有全球影响力的"中关村科技金融"品牌。初步形成具有全球影响力的中关村科技金融服务体系，辐射带动全国科技金融创新发展。

第二节 丽泽金融商务区金融资源系统分析

一、丽泽金融商务区基本情况分析

(一) 总体概况

丽泽金融商务区地处北京西二、三环路之间,以丽泽路为主线,东起菜户营桥,西至丽泽桥,南起丰草河,北至红莲南里。丽泽金融商务区是北京市和丰台区重点发展的新兴金融功能区,商务区占地面积4.36平方公里,规划调整后总建筑面积将达到650万平方米,并按照公建、居住、配套6∶2∶2的比例,开发建设高档写字楼、公寓、会展以及商业休闲等建筑设施,已被纳入首都"一主一副三新四后台"的金融业发展规划布局,成为三个新兴金融功能区之一,并被明确为首都金融业发展新空间。

(二) 发展步骤

丽泽金融商务区的开发建设,将按照"三步走"发展步骤进行:

第一步是从2009年到2010年,用三年左右时间,全力打好发展基础。其主要目标是:高起点、高水平编制完成发展规划、控制性详细规划和各类专项建设规划;推进基础设施建设,使城市面貌和环境明显改善;前期完成示范区的开发建设;多渠道、全方位开展宣传招商,争取一批国内外知名新兴金融机构及大型企业先期入驻。占地54公顷,建筑面积84万平方米的示范区建设已正式启动,开展全面招商工作。

第二步是从2011年到2015年,用五年左右时间,基本形成丽泽金融商务区建设骨架。其主要目标是：全面完成土地一级开发；基本形成"功能完善、上下互通、安全便捷、人车分流"的现代化综合交通体系；建成高水平的配套服务设施，为驻区机构和人员提供高品位的商务和生活服务；建成一批体现城市特色的地标性建筑和大型景观公园绿地，使区内及周边生态环境品质显著提升；吸引一批国内外知名新兴金融机构入驻，产业集聚效应得以显现。

第三步是从 2016 年到 2020 年，再用五年左右的时间，基本完成丽泽金融商务区的主体规划建设，成为成熟的高端金融商务区。

二、丽泽金融商务区金融资源分析

（一）丽泽金融商务区金融资源核心层分析

如图 3-1 所示，丰台区 2015 年外商投资额为 5 815 万美元，2016 以及 2017 年的外商投资额分别为 10 414 和 10 263 万美元，增长幅度非常大，但 2018 年的外商投资额却降为 1 455 万美元，下降幅度极大。随后两年，外商投资额又迅速增加，分别为 11 035 和 12 017 万美元。

图 3-1 实际利用外商投资额

(二) 丽泽金融商务区金融资源实体层分析

1. 丽泽金融商务区各类金融机构概况

2017年,丽泽金融商务区引进18家新兴金融机构。至此,丽泽金融商务区累计引进金融机构393家,商务区内金融业态涉及传统银证保及证券创新、信贷资产登记流转、股权投资基金等14类。

2018年1至10月,丽泽金融商务区实现全口径税收35.72亿元,同比增长66.94%;留区税收8.39亿元,同比增长70.55%。其中:金融业全口径税收23.15亿元,同比增长25.88%;留区税收5.12亿元,同比增长26.07%。已经有464家企业入驻丽泽金融商务区,其中新兴金融业企业338家。

2019年上半年,丽泽金融商务区实现地区生产总值764亿元,同比增长6.2%;全区居民人均可支配收入3.3万元,同比增长8.3%,高于经济增速。截至2019年7月底,入驻企业489家,其中金融类企业355家,占企业总数量的72.6%;新兴金融339家,占金融企业的95.5%,吸引了中国证券投资基金业协会、中国证券金融股份有限公司、中国人民银行数字货币研究所等知名金融机构和首璟丰泰基金等规模金融企业落户入驻,新兴金融产业集聚效应加速显现。到2019年年底,丽泽金融商务区南区有72万平方米产业空间竣工,丽泽SOHO、中华联合保险等12个项目投入使用,丽泽金融商务区与金融街直连轨道交通也正在加紧规划建设。

截至2021年8月,丽泽金融商务区入驻企业共计689家。金融企业397家,比重为57.6%,其中,新兴金融企业373家,占金融企业的94%。2019年以来,中国银河证券股份有限公司、中国长城资产管理有限公司、中国保险行业协会等多家重点金融机构落户丽泽商务区,产业集聚效应逐步凸显。丽泽金融商务区将承接金融街金融产业外溢,打造数字金融科技示范园,并构建国际金融城,重点发展互联网金融、数字金融、金融信息、金融中介、金融文化等新兴业态,构建以新兴金融为主、高科技和专业服务机构等为辅的产业体系。

丽泽金融商务区数字人民币试点稳步推进。丰台区积极落实人民银行数字货币研究所、人民银行营业管理部、北京市地方金融监督管理局相关工作要求，全方位推进数字人民币试点工作，已实现餐饮购物、旅游消费、绿色消费、消费扶贫四类线下消费场景全覆盖，多个领域首创性应用场景陆续铺开。

丽泽金融商务区在全国首创财政非税收入收缴业务数字人民币应用，打造全市首个数字人民币应用场景测试点，落地全市首张数字人民币保单，搭建全市首个政务服务领域数字人民币应用场景，全区数字人民币生态建设初见成效。

2. 丽泽金融商务区的具体金融政策

丽泽金融商务区对接了一批传统银行和金融机构设立的科技企业，加大金融与科技的融合。中国人民银行数字货币研究所也入驻丽泽金融商务区，将加快数字货币的测试和推出。下一步，计划在丽泽南区地面区的建设中围绕央行数字货币研究所建立"数字金融技术和应用生态圈"，打造数字丽泽金融商务区。

丽泽金融商务区对标伦敦金丝雀码头等新兴国际金融功能区，聘请波士顿咨询公司等国际知名专业机构开展规划设计咨询服务。丽泽金融商务区突出以人为本，强化交通组织，落实职住平衡要求，配备高标准、便利化、人性化的教育、医疗等公共服务资源，提供高品质、国际化的商务服务配套，同步建设数字城市，构建蓝绿交织、疏密有度、信息智能、宜居宜业的生态商务区，打造新时代商务区的首都样板。

丽泽金融商务区实行推动丽泽金融商务区新兴金融产业集群发展、加强丽泽金融商务区的商务楼宇招商服务两大政策，从资金奖励、人才引进、住房保障、医疗服务、教育配套等方面，鼓励支持在丽泽金融商务区新设或从丰台区以外新迁入金融机构，着力吸引符合丽泽金融商务区产业定位的优质企业入驻。

丽泽金融商务区既然作为新版北京城市总规赋予的新兴金融产业集聚区、首都金融改革试验区，必然也少不了政策上的依托。《关于推动北京丽泽金融商务区新兴金融产业集群发展的若干政策（试行）》（以下简称《政策》）及《北京丽泽金融商务区商务楼宇招商服务暂行办法》（以下简称《办法》）正式对外发布。"一政策一办法"的推出，将加快推进新兴金融产业集聚丽泽金融商务区。

《政策》是结合丽泽金融商务区实际出台的操作性强的政策，总共包含十条。从资金奖励、人才引进、住房保障、医疗服务、教育配套等方面提出优惠措施，着力吸引符合丽泽金融商务区产业定位的优质企业入驻。

《办法》以实现对商务楼宇招商的精细化管理为目的，通过签订楼宇运营协议、信息报备等多种手段，结合正面奖励、负面惩戒等综合措施，加强楼宇招商工作监督引导，充分调动各商务楼宇定向招商的积极性，使办公空间转化为金融产业集群。

3. 丽泽金融商务区金融资源功能层分析

《北京城市总体规划（2016年—2035年）》明确提出，丽泽金融商务区是新兴金融产业集聚区、首都金融改革试验区。重点发展互联网金融、数字金融、金融信息、金融中介、金融文化等新兴业态。构建以新兴金融为主，以高科技和专业服务机构等为辅的产业体系。承接金融街金融产业溢出，打造新兴金融产业集群，与金融街进行差异化协调发展，推动丽泽与金融街一体化发展。

丽泽金融商务区是"国家级智慧城市试点""北京信息化基础设施提升综合示范区""北京市绿色生态示范区""北京市服务贸易示范基地""北京市服务业扩大开放综合试点示范园区"。

同时，丽泽金融商务区的产业功能定位也经历了一个探索的过程，通过积极争取，把握了首都促进金融产业的机遇，得到市委、市政府的支持，在2008年4月出台的《首都促进金融产业发展意见》中，纳入首都金融产业布局，成为三个新兴金融商务之一，重点打造新兴金融产业。从此，丽泽站在一个新的历史起点。从一个区级的功能区提升为北京市的重点功能区。如今的丽泽金融商务区，正在积极建设，以一个崭新的面貌跻身国际化金融中心。

三、评价与展望

（一）丽泽金融商务区金融资源评价

作为北京市和丰台区重点打造的金融功能区，丽泽金融商务区是新兴金融产业集聚区、首都金融改革试验区。众多优质金融企业均看好丽泽金融商务区，正积极入驻。目前，入驻丽泽金融商务区的企业以新兴金融企业为主，高精尖企业为支柱。同时，丰台区将紧紧围绕"数字经济"发展方向，集中打造以丽泽金融商务区为示范的"数字金融"发展新区，积极支持金融机构利用金融科技、数字金融发展成果，向数字化转型发展，提升金融业服务效率，进而推动建设数字金融科技园，打造具有全球影响力的金融发展新区。

（二）丽泽金融商务区发展展望

丽泽金融商务区作为首都金融业发展新空间，应该依靠自身优势，在发展中突出自己的特色和功能，同时与北京其他商务区协调发展，避免过度竞争和资源配置分散化。通过新兴金融功能区的不断建设和完善，以点带面，建立全方位的政策支持体系、多层次的金融市场体系、多样化的金融组织体系和立体化的金融服务体系，不断提升北京市金融业的创新力、集聚力、贡献力和辐射力，将北京建设成为具有国际影响力的金融中心城市。

第三节 通州运河商务区金融资源系统分析

一、通州运河商务区基本情况分析

（一）建设背景

通州运河商务区是北京城市副中心建设的先行区、示范区，位于百里长安街东延长线与六环路交汇处，北运河贯穿该区域，规划面积为17.48平方公里，建成后将成为疏解北京中心城商务功能、提升消费功能、积聚文化功能的重要空间载体。推进通州运河商务区基础设施建设对于改善区域人居环境、全面提升城市综合承载能力和运行效率、未雨绸缪防治"城市病"、稳步推进副中心建设具有重要意义。党的十八大以来，通州区深入学习、认真贯彻习近平总书记两次视察北京重要讲话精神，认真落实市第十二次党代会精神，加快推进北京城市副中心运河商务区规划建设。基础设施建设是通州运河商务区规划建设的重中之重。通州运河商务区基础设施建设突出重点，攻坚克难，创造性地落实中央、市委的各项部署与决策，2021年，基础设施已经基本建成和投入使用，这将助力通州向着建设国际一流的和谐宜居之都示范区的总目标迈进。

（二）历史沿革

通州位于首都北京东部，京杭大运河北端，地处长安街轴线与东部发展带节点，是环渤海经济圈人流、物流、信息流交汇的中心地带，西距天安门20公里、距北京CBD13公里，北距首都机场16公里，东距天津塘沽港100公里，素有"一京二卫三通州"的美誉。全区面积906平方公里，地势平坦，分布着大小 13 条河流，是北京多河富水特色最突出的区县，被评为国家级生态示范区。

通州区大规模推进城市建设始于 20 世纪 80 年代的城中老旧小区改造，但是，由于长期缺少统一规划和长远目标，土地利用度偏低、资源浪费严重，效果并不明显。1983 年的《中共中央、国务院对〈北京城市总体规划方案〉的批复》，确定通州为北京的工业卫星城，赋予通州城新的功能定位，扩大了通州城的发展空间。《北京城市总体规划（1991 年—2010 年）》将通州规划定位为京东地区经济贸易中心和首都的综合性卫星城。在城市化进程中，通州将打造城市交通体系放在优先位置，注重基础设施建设，构建城市基本框架，通州卫星城建设逐渐与首都城市总体规划融为一体。

进入 21 世纪，北京市经济社会发展取得了巨大成就。然而，随着城市化的推进，北京市城市空间结构矛盾日益突出，一方面北京单中心、同心圆式的城市空间格局，使城市功能过度集中于中心城区，给中心城区造成了严重的交通拥堵和环境压力，限制了北京综合承载能力的提升。另一方面，卫星城发展规模较小、基础设施建设落后以及与城区关系不紧密的问题仍然没有得到妥善解决。通州处在北京规划发展的东西轴线与两个发展带的交点，是北京城市功能战略转移的重要区域，又是东部发展带的腹地，区位优势突出。然而，长期以来通州有城无业现象突出，主导产业和优势产业不突出，城镇居住与工作用地比例失调，"卧城"造成的潮汐式交通压力巨大。如何充分发挥区域优势特点，疏导中心城区功能，培育发展特色产业和优势产业，形成人才集聚效应，是通州需要解决的问题。

《北京城市总体规划（2004 年—2020 年）》提出的新城发展战略对城市空间布局做了调整，提出构建"两轴—两带—多中心"的新城市格局：两轴，指沿长安街的东西轴和传统中轴线的南北轴；两带，指包括通州、顺义、亦庄、怀柔、密云、平谷的"东部发展带"和包括大兴、房山、昌平、延庆、门头沟的"西部发展带"；多中心，指在市域范围内建设多个服务全国、面向世界的城市职能中心，提高城市的核心功能和综合竞争力，包括中关村高科技园区核心区、奥林匹克中心区、中央商务区（CBD）、海淀山后地区科技创新中心、顺义现代制造业基地、通州综合服务中心、亦庄高新技术产业发展中心和石景山综合服务中心等。为利于疏解城市功能、推动城乡统筹、促进区域协调、实现集约发展，提出了"中心城—新城—镇"的市域城镇结构。其中，新城是"两轴—两带—多中心"的具体体现和重要节点。规划提出建设11个新城，通州、顺义和亦庄为3个重点新城。2009年，北京市委十届七次全会明确提出"集中力量、聚焦通州，借助国际国内资源，尽快形成与首都发展需求相适应的现代化国际新城"，通州被赋予"北京发展新磁极、首都功能新载体"的全新定位。

通州抓住这一历史机遇，瞄准世界一流水平，高标准、高水平推进新城核心区规划建设。通州市委、市政府进一步加大对通州的支持力度，成立了通州新城建设领导小组，制定了《加快推进通州现代化国际新城建设行动计划》，市政府相关委办局对通州新城建设的指导帮助不断增强。完善的基础设施体系是提高城市承载力的重要因素，能够为引进高端要素打下坚实的基础。在通州新城建设中，基础设施规划和建设成为新城建设最重要的一环。运河核心区是整个新城建设的重点区域，按照规划，核心区建设加强地面-地下空间的一体化设计，突出对地下空间的统一布局和开发利用，将机动车道、轨道线路、交通枢纽、停车场、配套服务设施等置于地下，最大限度实现地下空间互联互通，形成通畅的地下走廊；采用城市管廊技术，综合安排地下市政管网，将供电、供热等市政管线整合于地下廊道之中。2011年，通州新城核心区地下立体交通设施建设启动，核心区地下隧道工程、地铁站工程、东关大道工程全面开工建设。

2012年6月，北京市第十一次党代会明确提出："进一步落实聚焦通州战略，打造功能完备的城市副中心"。建设北京城市副中心，是党中央一项重要决策，通州被赋予北京城市副中心的全新定位，在战略地位上实现了历史性突破。北京市委、市政府加大对副中心建设的支持力度,从组织领导、政策倾斜、大项目布局等各个方面强化了对通州的支持,提出:"加快城市副中心和新城建设。坚持聚焦通州,科学规划、分步实施,完善相关配套政策,按照'一核五区'("一核"即新城核心区,"五区"即文化旅游区、宋庄文化创意产业集聚区、国际医疗服务区、环渤海高端总部基地、国际组织聚集区。五个功能区以核心区为中心,彼此相辅相成,实现联动发展)布局,优化加快建设核心区起步区,力争重大基础设施、公共服务设施和重大项目建设取得较大突破,积极推动城市副中心建设"。面对千载难逢的历史发展机遇,通州区委、区政府和各部门、各单位通力配合、锐意进取、攻坚克难,加快步伐,全力推进核心区基础设施建设。

2017年2月24日上午,习近平总书记到通州视察北京城市副中心行政办公区和大运河森林公园时指出,站在当前这个时间节点建设北京城市副中心,要有21世纪的眼光。规划、建设、管理都要坚持高起点、高标准、高水平,落实世界眼光、国际标准、中国特色、高点定位的要求。不但要搞好总体规划,还要加强主要功能区块、主要景观、主要建筑物的设计,体现城市精神、展现城市特色、提升城市魅力。早在2009年,按照规划,通州新城核心区将建成以总部形态为特征的高端文化商务中心区。2017年9月29日,《北京城市总体规划(2016年—2035年)》正式公布,确定了城市副中心功能定位与发展目标。提出"沿运河布置运河商务区、北京城市副中心交通枢纽地区、城市绿心3个功能节点"。由此,位于通州新城核心区的商务中心区更名为运河商务区,成为城市副中心的重要功能节点之一。按照新的城市总体规划,该区域将成为承载中心城区商务功能疏解的重要载体,新的目标和定位对运河商务区基础设施建设提出了更高的要求。2019年—2021年,运河商务区的道路建设保持快速增长,2021年同比增长100%。截至2021年底,区域内的完工道路总长度已经达到5 262.88米。运河商务区目前累计建成规模为413.55万平方米,关键基础设施及公共服务项目大部分已基本完工。截至2021年底,运河商务区注册企业数量为 15 863 家。2021 年，运河商务区入库的重点外资项目达到 45 个，占城市副中心总量的 75%，其"北京城市副中心金融和高端商务功能的主要承载地"目标初步兑现；三年税收总额实现翻一番，以 1/50 的地域面积贡献了 1/5 的税收支撑。

(三) 经济情况

2016 年，通州区实现地区生产总值 761.4 亿元，比上年增长 8.7%[①]。其中，第一产业生产总值 16.6 亿元，比上年下降 13.1%；第二产业生产总值 303.4 亿元，增长 7.0%；第三产业生产总值 441.4 亿元，增长 14.1%。三次产业结构由 2015 年 2.8∶41.1∶56.1 变化为 2016 年 2.2∶39.8∶58。

2017 年，通州区实现地区生产总值 852.2 亿元，比上年增长 8.1%。其中，第一产业生产总值 16.4 亿元，比上年下降 1.2%；第二产业生产总值 356.5 亿元，增长 17.5%；第三产业生产总值 479.3 亿元，增长 8.6%。三次产业结构由 2016 年 2.2∶39.8∶58 变化为 2017 年 1.9∶41.8∶56.2。

2018 年，通州区实现地区生产总值 986.7 亿元，比上年增长 7.5%。其中，第一产业生产总值 16.1 亿元，比上年下降 1.8%；第二产业生产总值 384.4 亿元，增长 7.8%；第三产业生产总值 586.2 亿元，增长 22.3%。三次产业结构由上年 1.9∶41.8∶56.2 变化为 1.6∶39∶59.4。

2019 年，通州区实现地区生产总值 1 059.3 亿元，比上年增长 6.6%。其中，第一产业生产总值 12.6 亿元，比上年下降 21.7%；第二产业生产总值 421 亿元，增长 9.5%；第三产业生产总值 625.7 亿元，增长 6.7%。三次产业结构由上年 1.6∶39∶59.4 变化为 1.2∶39.7∶59.1。

2020 年，通州区实现地区生产总值 1 110.5 亿元，比上年增长 3.4%。其中，第一产业生产总值 13.1 亿元，比上年增长 4.0%；第二产业生产总值 426.5 亿元，增长 1.3%；第三产业生产总值 670.9 亿元，增长 7.2%。

---

① 增长百分比均为平价增长率，即剔除通货膨胀因素后的数据。

三次产业结构由 2019 年 1.2∶39.7∶59.1 变化为 2020 年 1.2∶38.4∶60.4（如表 3-5 所示）。

2021 年，通州区生产总值预计同比增长 8% 左右；全社会固定资产投资超千亿元；社会消费品零售总额同比增长 8% 左右；一般公共预算收入达到 92 亿元，同比增长 20%；居民人均可支配收入实现稳步增长。2021 年 8 月，国务院出台《关于支持北京城市副中心高质量发展的意见》，政策聚焦态势进一步巩固和扩大，为持续推进副中心发展提供了强大动力。通州区高标准完成"十四五"规划纲要等系列支撑成果，形成系统、科学的"任务表"、"项目库"和"施工图"；成立副中心党工委、管委会，形成高位统筹、市区联动和"副中心事副中心办"的体制机制；产业结构不断优化；市场活力持续激发。截至 2021 年 12 月底，通州区新设企业 21 411 户，新设企业数量在全北京市排名第四。

表 3-5　2017—2020 年通州地区生产总值情况统计表

指标	2017 年		2018 年		2019 年		2020 年	
	数值	比上年增长%	数值	比上年增长%	数值	比上年增长%	数值	比上年增长%
地区生产总值	852.2	8.1	986.7	7.5	1059.3	6.6	1110.5	3.4
第一产业	16.4	-1.2	16.1	-1.8	12.6	-21.7	13.1	4.0
第二产业	356.5	17.5	384.4	7.8	421.0	9.5	426.5	1.3
第三产业	479.3	8.6	586.2	22.3	625.7	6.7	670.9	7.2

数据来源：2018 年至 2021 年《北京市通州区统计年鉴》

二、通州区金融资源分析

（一）通州区金融资源核心层分析

2020 年，全年实现金融业增加值 106.4 亿元，按可比价格计算，比上年增长32.9%。2020年末全区金融机构人民币各项存款余额5 711.3亿元，比年初增加2 072.9亿元。其中，个人存款1 961.3亿元，比年初增加260.5亿元。金融机构人民币各项贷款余额达到1 654.9亿元，比年初增加522.2亿元。2020年，通州区共有18家证券经营机构，年末证券账户45万户，全年各类证券交易额3 157.2亿元，比上年增长48.2%。其中：股票交易额2 100.2亿元，增长63.2%；基金交易额55.3亿元，增长149.5%；债券交易额761.8亿元，增长19.5%；融资融券交易额208.9亿元，增长23.4%。2021年12月末，全区金融机构本外币存款余额2 031.6亿元，同比增长4.2%，其中，住户存款1 346.9亿元，同比增长10.7%。金融机构本外币贷款余额1 390.8亿元，同比增长20.8%。其中：中长期贷款余额963.5亿元，同比增长27.3%；新增贷款余额239.4亿元，同比增长4.2%。

通州运河商务区不断优化金融信贷营商环境，构建普惠金融和绿色金融服务体系。多举措推动银行机构降低小微企业融资成本，持续加大银行机构服务收费优惠减免力度，降低相关开户费用，针对优质小微企业以及"三农"小微企业贷款实行定向优惠。加快推动普惠金融服务建设，在机构和服务设置上，鼓励银行设置普惠金融事业部，在政策支持上，推动针对小微企业信贷业务制定奖励政策，鼓励政银、税银、银企合作，提高对企业的服务效率。推动银行机构加快创新绿色金融信贷模式，探索投贷联动业务，推进探索城市副中心绿色金融示范区工作。

截至2022年2月，通州区各类持牌金融机构达315家。银行机构181家，其中，政策性银行1家，国有大型银行101家，股份制商业银行28家，城市商业银行22家，农村商业银行29家；保险公司49家，其中财产险23家，人身险26家；证券公司18家；期货公司1家；小额贷款公司、交易场所、融资租赁公司等准金融机构9家；私募基金管理人达57家。总之金融业态不断丰富（如表3-6至表3-8所示）。

表 3-6　通州区银行名录

性质	部分银行名录	数量
政策性银行	中国农业发展银行北京市通州区支行	共计 1 家
国有大型银行	农业银行通州支行	共计 101 家
	工商银行通州支行	
	中国银行通州支行	
	建设银行通州支行	
	邮储银行通州支行	
	交通银行通州支行	
股份制商业银行	广发银行股份有限公司北京通州分行	共计 28 家
	招商银行股份有限公司北京通州分行	
	中国光大银行股份有限公司北京通州支行	
	浙商银行股份有限公司北京城市副中心分行	
	渤海银行股份有限公司北京通州分行	
城市商业银行	徽商银行股份有限公司北京通州支行	共计 22 家
	上海银行股份有限公司北京城市副中心支行	
	杭州银行股份有限公司北京通州支行	
	天津银行股份有限公司北京通州支行	
农村商业银行	北京农村商业银行股份有限公司潞县支行	共计 49 家
	北京农村商业银行股份有限公司梨园支行玉带路分理处	

资料来源：中国银行保险监督管理委员会。

表 3-7　通州区保险公司名录

保险种类	部分保险公司名录	数量
财产险	阳光财产保险股份有限公司北京分公司	共计 23 家
	太平财产保险有限公司北京通州支公司	
	华泰财产保险公司北京分公司	
	中国人民财产保险股份有限公司北京分公司通州支公司	
	中国人民财产保险股份有限公司北京分公司集团客户营业部	
	中华联合财产保险股份有限公司北京分公司通州支公司	

续表

保险种类	部分保险公司名录	数量
人身险	中国人寿保险股份有限公司北京分公司北京经济技术开发区支公司	共计26家
	中国人寿保险股份有限公司北京分公司通州支公司	
	中国太平洋人寿保险股份有限公司北京分公司通州支公司	
	新华人寿保险股份有限公司北京分公司通州支公司	
	泰康人寿保险有限责任公司北京分公司通州支公司	

资料来源：中国银行保险监督管理委员会。

表3-8 通州区证券公司名录

层级	部分券商名录	数量
营业部	光大证券股份有限公司北京通州证券营业部	共计18家
	国泰君安证券股份有限公司北京通州新华西街证券营业部	
	长城证券股份有限公司北京通胡大街证券营业部	
	国信证券股份有限公司北京通州九棵树证券营业部	
	中国银河证券股份有限公司北京通州九棵树证券营业部	
	华林证券股份有限公司北京新华西街证券营业部	
	国海证券股份有限公司北京西关南街证券营业部	
	中银国际证券有限责任公司北京通州九棵树证券营业部	
	恒泰证券股份有限公司北京新华大街证券营业部	

资料来源：中国证券监督管理委员会。

(二) 通州区金融资源实体层分析

1. 业务情况分析

如表3-9所示，2020年末，通州全区金融机构人民币各项存款余额5 711.3亿元，比2020年初增加2 072.8亿元。其中，个人存款1 961.3亿元，比2020年初增加260.5亿元。金融机构人民币各项贷款余额达到1 654.9亿元，比2020年初增加522.2亿元。2021年12月末，全区金融机构本外币存款余额2 031.6亿元，同比增长4.2%，其中，住户存款

1 346.9 亿元，同比增长 10.7%。金融机构本外币贷款余额 1 390.8 亿元，同比增长 20.8%，其中：中长期贷款余额 963.5 亿元，同比增长 27.3%；新增贷款余额 239.4 亿元，同比增长 4.2%。

表 3-9　2017—2020 年通州区金融机构各项存贷款余额

项目	2017 年	2018 年	2019 年	2020 年
各项存款余额	29 661 775	33 068 786	3 638.5	5 711.3
单位存款	13 796 748	14 642 687	1 612.1	3 323.5
个人存款	13 092 805	14 810 903	1 700.8	1 961.3
储蓄存款	10 970 646	1 149 366	1 289.6	1 559.3
各项贷款余额	6 379 040	8 950 572	1 132.7	1 654.9
短期贷款	1 388 980	815 476	271.0	352.2
中长期贷款	4 957 643	113 738	859.1	1 294.6

资料来源：2017 年至 2021 年《北京市通州区统计年鉴》。

2. 政策情况分析

通州区作为北京城市副中心将出台多项促进金融业发展措施：城市副中心将出台促进金融业发展的若干措施，从机构入驻、办公用房等方面对金融业发展给予全方位支持。在机构入驻方面，通州区将根据新设或新迁入金融机构类型，按照实缴注册资本比例给予最高 5 000 万元资金支持，外资金融机构更有额外 10% 到 15% 的奖励。在办公用房方面，对符合开办费补助条件的企业、机构、组织新购或租赁办公用房的，给予最高 3 000 万元的租购房补贴。

在经济贡献支持方面，通州区对在城市副中心注册并纳税的金融企业，按当年实现的区域经济贡献，分阶段给予一定比例的奖励扶持，金额上不封顶。在个税激励方面，对经认定的高端金融人才，通过奖补措施将个人所得税税率降低到 15% 的水平。在资本市场方面，通州区对上市、挂牌、发债、股权投资等直接融资行为，分类别给予资金支持，其中上市最高补贴 1 000 万元，股权投资最高给予 2 000 万元。此外，对金融科技、财富管理及绿色金融等专业机构及创新活动，给予 3 000 万元至 6 000 万元的专项支持；对重大国际金融交流活动，按照实际投入的一定比例给予补贴。

北京市支持自贸区、服务业扩大开放综合示范区的各类金融政策，都可以在城市副中心实施和执行。根据市金融服务工作领导小组印发的《关于在城市副中心打造国际财富管理中心的工作方案》，各类金融机构在城市副中心可以申请新型业务牌照，开展法定数字货币与数字金融资产试点等27项金融改革前沿业务。在绿色金融方面，通州区将支持各类国际国内金融企业和组织开展绿色金融标准体系建设、建立绿色项目信息披露平台、建设国际性绿色智库中心、推动"一带一路"绿色资产交易与投融资等8项业务。

在金融科技方面，城市副中心将推动金融科技与财富管理融合发展，打造智能化财富管理生态圈，探索搭建具有开放性、可扩展性的智慧物业、智慧社区服务平台，打造新技术、新金融、智慧城市"三位一体"创新协同服务格局，推动利用云计算、区块链等新技术，在供应链金融、资金监管、普惠金融、票据交易、跨区域跨部门政务数据共享等领域探索区块链金融场景应用。

3. 北京市通州新城金融服务园区

北京市通州新城金融服务园区（以下简称"通州商务园"）位于通州新城西北部，温榆河两岸，是通州区调整产业结构，加快现代服务业发展，重点发展的高端商务、企业总部办公集聚区，是北京市9个金融功能区之一和北京市电子商务聚集区，在由商务部授予的34家国家电子商务示范基地单位中综合排名第一。通州商务园产业定位是金融后台服务基地、电子商务聚集区、效率型国际总部基地、新型服务业孵化基地。园区总规划面积7.3平方公里，一期2.9平方公里，特色为滨水生态、低密度、节能环保"花园式"办公。2017年，园区实现营业收入91亿元，完成税收2亿元，其中，国税收入0.67亿元，地税收入1.33亿元。阳光人寿保险股份有限公司北京分公司、金融街（北京）商务园置业有限公司、中信富通、北京心物不二电子商务有限公司、北京乐友达康商贸有限公司等重点企业纳税均超千万元。2017年，园区新签约项目37个，总投资5.7亿元。

(三) 通州区金融资源功能层分析

通州运河商务区作为北京城市副中心的先行区、示范区，受到了北京市委、市政府的高度关注，市委主要领导多次到该区域进行专题调研，并就相关建设工作提出具体要求。通州区新城中心区管委会认真贯彻落实市委、市政府以及区委、区政府的各项工作部署，振奋精神，扎实工作，在完善城市功能、提高城市管理水平、加强公共服务配套等方面努力与国际一流标准接轨，全力推进通州运河商务区的各项建设任务。

通州是北京高起点规划、高标准建设的千年之城，在全力建设城市副中心的背景下，通州运河商务区已经起航，成为新时代北京财富聚合的新高地。伴随着城市发展规模的不断扩大，核心区已不能满足人们工作和生活所需。在《北京城市副中心控制性详细规划（街区层面）（2016年—2035年）》中提到，北京城市副中心通州将被打造成北京重要的一翼，有序承接中心城区功能的疏解。

自古以来，通州这片土地是千年大运河的北首，商贸往来不断，拥有浓厚的产业和商业基因。如今，在北京市战略布局的规划下，通州作为城市副中心，聚焦打造财富管理、智能制造、文化科技等七大千亿级产业集群，吸引和链接全球资源汇聚于此。

2019年至2021年，通州运河商务区的道路建设完成数量快速增长，2020年比2019年增长50%，2021年比2020年再增长100%，呈现加速增长态势。截至2021年底，区域内的完工道路总长度已经达到5 262.88米。税收方面，2019年到2021年，运河商务区的税务收入从29.9亿元增长为48.9亿元，年均增长率达28%。注册企业数量从9733家增长为15 863家，其中 2020 年新增 2 291 家，2121 年新增 3 839 家。新增企业具体包含外资企业 90 家、高新企业 58 家、总部企业 48 家、金融企业 266 家，不乏全国棉花交易市场、上田八木、首钢基金、阳光出行、四季沐歌、普华永道、安塔卫等重点机构。

三、评价与展望

作为北京城市副中心，通州区将在"两区"建设中充分发挥先导示范作用，进一步推动由过去试点式、局部的制度创新向系统化、整体性制度创新转变，不断为城市副中心经济社会高质量发展增添新动力，为全市乃至全国形成更多可复制、可推广的经验。

建设国家服务业扩大开放综合示范区和自由贸易试验区，对于北京深入落实首都城市战略定位，推动经济高质量发展，更好服务党和国家工作大局具有重要意义。自 2015 年服务业扩大开放综合试点以来，北京市已先后完成了三轮试点任务，通过面向全市域开展"产业开放"探索，以清单管理方式全面落实国务院批复的 403 项任务，五年来形成了 120 余项全国首创或效果最优的开放创新举措，向全国和自贸试验区推广了 6 批 25 项试点经验和最佳实践案例。

作为北京城市副中心，通州区承担着疏解非首都功能、推动京津冀协同发展、探索人口经济密集地区优化开发新模式的时代重任，于 2018 年 1 月被批复为北京市服务业扩大开放第二批综合试点，2019 年 1 月在国务院批复的北京市服务业扩大开放实施方案中，被明确为四个综合试点示范区中唯一的先导区。

近年来，通州区立足区域实际，积极探索实践，扎实推进《通州区创建服务业扩大开放综合试点先导区实施方案》《通州区创建服务业扩大开放综合试点先导区三年行动计划》等提出的各项重点任务，推动服务业多个领域实现创新突破。其中，通州区市场监管局推出的"新建楼宇项目住所证明新方式"创新案例成功入选商务部服务业扩大开放综合试点第三批最佳实践案例。

在先导区示范带动下，城市副中心服务业开放水平进一步提高。2018年服务业占GDP比重为50.2%，2019年上升为59%，提高了近9个百分点。外资外贸集聚作用凸显，2021年已实际利用外资4.8亿美元、进出口总额86.4亿元。

城市副中心依托运河商务区、文化旅游区、张家湾设计小镇等核心承载区，紧紧围绕"三聚焦一探索"（聚焦行政办公、文化旅游、高端商务，探索金融创新），聚集新业态、探索新模式的同时，在政务服务、投资贸易便利化、金融环境、人才发展、科技创新等专业服务领域不断深化"放管服"改革，使城市副中心营商环境不断获得优化。

2020年9月，中国（北京）自由贸易试验区正式揭牌。其中，城市副中心运河商务区和张家湾设计小镇周边可利用产业空间10.87平方公里，被纳入国际商务服务片区。作为北京服务业扩大开放综合试点中唯一的先导区，以及北京自由贸易试验区国际商务服务片区的重要组成部分——城市副中心将在服务业扩大开放和自贸试验区国际商务服务片区建设中充分发挥先导示范作用，进一步推动由过去试点式、局部的制度创新向系统化、整体性制度创新转变，为北京市乃至全国形成更多可复制、可推广的经验。

2021年，通州积极对接市级相关部门申请外国人签证证件受理等权限下放。优化行政审批流程，提高审批效率，降低企业开办运营成本；围绕知识产权、登记注册、监管执法等重点工作，优化服务保障措施和营商环境，在全市率先试行网上"证照联办"，发出全市首张"一照含证"营业执照。深化法治环境建设，聚焦诉讼服务升级，建设多元化纠纷解决体系；构建以"信用"为基础的新型海关监管体系；完善包容审慎监管工作措施，探索引入"沙盒监管"模式，探索实施智能非接触监管。此外，完善企业从登记注册到项目落地及产业政策全流程服务，建设国际化一站式服务中心，重点开展外国人来华工作许可和居留证件核发"两证联办""外埠人员工作居住证""外资企业投诉服务"等相关事项办理服务；建立咨询导税服务体系，推行"国际税收业务套餐"，实现跨境业务网上办理；推进境内机构外籍员工薪酬结售汇便利化服务；深化"服务管家"机制，为重点企业定制个性化、一对一"服务包"，如为三峡集团提供公寓、班车等保障等。

未来通州区作为城市副中心将在加快规划建设、抓紧编制出台实施方案的同时，在"通八条"[①] 系列政策的基础上，继续做好招商引资，着力利用好自贸试验区高标准制度创新、高水平扩大开放、高辐射发展带动的主阵地优势，发挥自贸试验区政策优势，增强招商实效，积极导入重点项目，实现企业"进得来、留得下、能发展"。与此同时，将围绕"产业+区域+政策"，做好示范项目的孵化、储备、推进，巩固"一库四机制"做法，推动一批突破性强、带动作用大的示范项目落地，加快培育示范项目和示范企业。构建法治化、国际化、便利化营商环境，为"两区"建设提供有力保障。

北京自贸试验区的批复，实现了京津冀区域自贸试验区的全覆盖。城市副中心作为推动京津冀协同发展的桥头堡，推动京津冀协同开放也是"两区"建设的重要任务。未来，城市副中心将主动融入和服务"一带一路"倡议、京津冀协同发展战略，深化京津冀产业链协同发展，将自贸试验区打造为京津冀产业合作新平台。同时发挥好辐射带动作用，推广复制好经验好做法，为促进三地自贸试验区联动发展、带动建设京津冀世界级城市群做出副中心贡献，共同把京津冀对外开放提高到一个新高度。

---

① 中共北京市委办公厅．中共北京市委办公厅 北京市人民政府办公厅印发《关于推进北京城市副中心高质量发展的实施方案》的通知 [R/OL]．(2022-02-11) [2022-08-03]．http://www.beijing.gov.cn/zhengce/zhengcefagui/202202/t20220211_2608072.html.

第四节 河西金融区金融资源系统分析

一、河西金融区基本情况分析

河西金融区位于天津市中心东南部，海河西岸，全区辖13个街道。河西区划面积42平方千米，管辖面积48平方千米（解放南路以东部分地区不在河西区行政区划范围内，由河西区设立太湖路街道办事处进行管理）。河西区是天津市的中心区之一，位于市区东南部，因地处海河西岸而得名。河西区东临海河与河东区相望，西起卫津南路、卫津河与南开区、西青区交界，南沿双林农场引水河与津南区毗邻，北抵徐州道、马场道、津河与和平区接壤。

二、河西金融区金融资源分析

（一）河西金融区金融资源实体层分析

1. 河西金融区各类金融机构概况

2018年以来，河西金融区充分发挥地区总部型金融机构相对聚集的有利条件，积极引进国内外知名银行、保险、证券等金融机构区域性总部，大力引进国际国内融资平台、股权交易、期货公司、大企业集团财务公司，积极支持发展租赁、保理、投资咨询、资产评估、信用担保、小额贷款、小额外币兑换、基金和基金管理、资产管理、汇兑公司、保险经纪、保险公估、专业中介等新型金融机构和业务，促进法人金融机构做大做强。河西金融区鼓励扶持私募股权投资基金业发展，延伸金融服务产业链条，吸引了 15 家新金融机构。

2019 年 1 至 8 月，河西区金融产业平稳运行，成功引进建信财险、东北证券等 7 家金融机构，完成全年任务的 70%。全区金融机构缴纳税金超过 50 亿元，留区税收约 9 亿元，同比增长约 20%。

2020 年 2 月，天津市共有 31 家金融机构纳入"共克时艰金融服务群"，已帮助 144 户企业复工复产，投放资金 5.19 亿元，累计为 583 户企业投放资金 41.07 亿元，对符合条件的贷款需求均能在企业提出正式申请后 2 个工作日内完成审批放款，平均办理时间为 1.91 个工作日；累计为 2 302 家企业提供风险保障 86.6 亿元。当地企业通过应急响应机制提交的融资需求已办结的达总数量的 80%。

2020 年，河西金融区金融业实现增加值达 419.17 亿元，较"十三五"初增长 30.21 亿元，同比增长 3.5%，金融业增加值占全区生产总值的 42.4%，拉动地区生产总值正增长 1.5%，规模稳健增长，继续发挥支柱产业的主导作用。河西金融区实现金融机构本外币存贷款余额 9 253 亿元，增速 7.2%，居全市前列。

2020 年末，驻河西区金融机构已达 1 000 余家，净增加金融机构 300 余家，其中包括建信财险天津分公司、太平洋证券天津分公司、支付宝天津分公司、天津农业资产管理公司等 60 余家总部型或地区总部型金融机构。形成以银行、证券公司、保险公司为主体，其他新型金融机构并存的多种形式、多种结构、功能齐全的金融组织体系。形成提供不同融资需求、金融业态均衡发展的多元化金融服务体系。

截至 2021 年 10 月，河西金融区拥有各类金融机构 1 000 余家。其中：法人机构 214 家，内资总部型银行机构 22 家，占全市近 70%；保险、证券、信托等各类金融机构在全市占比均超过 30%。上市挂牌企业 35 家，实现了主板、新三板和区域股权市场全覆盖。

河西区在全市率先建立金融服务快速响应机制，与 90 余家银行机构建立数据共享机制、调度分析机制、服务包保机制等，日常加强对存贷款数据的对比分析，及时发现问题，积极应对。同时，加强部门协同，服务入驻河西的大项目、好项目，归集存贷款资源，为区内存贷款余额增长提供支撑。

河西金融区金融局联合陈塘管委会、区市场监管局、区科技局、区税务局等多个部门，共同组织银企对接会、政策宣讲会20余场，积极帮助中小微企业解决融资、信贷等问题。截至9月底，已为区内510余家企业授信160.5亿元。

在2021年前三季度，1家企业成功在OTC挂牌，5家企业启动股改。河西金融区共迎来7家金融区域总部落户，7家有意向待洽谈的重点金融机构。注册资本为42亿元的天津市第一家、全国第七家信用增信公司——国康增信落户河西区，对助力河西区金融创新起到重要支撑作用。建信人寿天津分公司、中信建投天津分公司、长城资产管理有限公司天津分公司从外区转入河西，预计增加年留区税收约1 500万元。

河西金融区深度融入京津冀协同发展，加大走访服务和企业对接力度，着力发展新型金融业态，在加快推进天津市金融创新运营示范区建设中主动担当作为，全力推动河西区金融业高质量发展。河西金融区积极对接北京地区金融机构，在京举办河西区金融产业政策发布会，与多家京籍金融机构建立联系，2021年，已确定24家总部型金融机构作为对接重点。与市证监局达成合作意向，将引进外资保险作为重点，持续推进金融业对外开放。

2. 河西金融区具体政策

"一制三化"审批制度的改革不断深入。河西金融区在全市率先推出承诺事项负面清单和"上门办"服务，取消407项申请材料、27个办理环节以及21个区级证照，推出区级"马上办"162项、"就近办"189项、"网上办"257项。加快工程建设项目审批，推进全程跟踪服务，从项目取得建设用地开始到获得施工许可证用时最短28个工作日，持续刷新工程建设项目审批记录。推出落实承诺制"一个清单""两个办法"，办理承诺审批事项 1 007 件。创新"场景式"服务，推出 50 项服务清单，实现多业务并联审批。出台河西区《关于推动高质量发展的若干措施》，不断优化政策扶持体系，加大对企业扶持力度。深入开展"双万双服促发展"活动，为企业和项目单位解决各类发展难题 1 809 个。加快诚信建设步伐，建成全国信用信息共享平台（天津河西），全面推进"双公示"工作，不断提升信用环境。

（二）河西金融区金融资源功能层分析

作为缓解首都金融拥挤状况的又一 CBD，河西区自筹备规划开始就一直沿着这个目标稳步发展，同时，河西区也将目光放长到建设国内金融中心这一目标上，积极、主动发挥着作用，从制定政策到实施，从引入各类金融机构到聚集，河西金融区在不断地壮大自己的外延，建设其作为金融区域的独特风景，从而推进京津冀金融市场一体化。

三、评价与展望

（一）河西金融区金融资源评价

河西金融区作为全国性金融中心，自规划建设以来，一直在平稳运行，并取得了显著的成效，具体体现在以下两个方面：

1. 京津冀协同发展取得新突破

河西金融区更加积极主动承接北京非首都功能疏解，聚焦金融、设计、科技、新能源等领域，健全清单化、项目化工作推进机制。依托新八大里天津数字经济产业中心一流的环境和综合配套优势，大力承接首都数字产业资源外溢，逐步形成京津冀地区京外最优的数字经济产业生态圈和数字经济集聚区。秉承"产业+地产"的发展战略，以中国交通建设集团有限公司等各类总部型企业的聚集为依托，继续聚焦设计、工程及相关领域"非首都功能疏解",不断扩展承载外延,在陈塘自创区、解放南路以东地区全力打造京津冀协同发展央企总部聚集区。

2. 优势产业质量效益不断提升

实施支持金融业高质量发展三年行动计划,将"泛友谊路小白楼金融圈"纳入全市高端服务业发展核心区,积极吸引各类金融机构聚集。以勘察、建筑设计为核心的"科学研究和技术服务业"营业收入持续保持两位数高位增长。房地产业平稳发展,双林农场地块完成出让,W3地块实现挂牌。商贸服务业平稳发展,商品销售总额增幅位居全市前列。

(二)河西金融区发展展望

未来,河西区将合理规划金融发展布局。积极争取市有关部门对友谊路"新天津金融街"的政策支持,打造以金融总部和高端服务业为主体的优质产业集聚区。大力发展直接融资,充分利用境内外多层次资本市场,推动区域内更多企业上市和挂牌。进一步承接非首都核心功能,积极争取区域性开发银行和区域性发展基金落户,加强金融基础设施建设,促进金融资源合理流动,深化区域内多层次资本市场分工协作,实现互联互通,推进京津冀金融市场一体化。

同时,河西金融区将巩固已有优势,发展壮大金融总部经济。用好金融业对外开放"国11条"[①],积极引进各类金融总部、理财子公司、事业部等机构,提升汇集资源、配置资源和辐射服务能力。河西金融区有关部门将不断加强金融风险防控,加强新型金融服务机构风险防范,加强金融风险监测分析,有效防范重点行业、重点领域风险,推动建设机构集聚、政策制度健全、服务功能完备的天津市金融创新运营示范区。

---

① 吴雨. 我国新推出11条金融业对外开放措施 [N/OL]. 新华社, 2019-07-20 [2022-08-03]. http://www.gov.cn/xinwen/2019-07/20/content_5412220.htm.

第四章　京津冀的金融深度、金融宽度及其经济影响

本书拟研究京津冀 CBD 金融资源优化的模式。金融资源优化指的是合理利用金融机构、金融市场及金融服务等金融资源，使其可以更高效地服务于经济的发展。某种程度上讲，金融资源的优化离不开金融结构的发展，即金融深度的增加与金融宽度的拓展。因此，可以通过提高金融发展水平来优化金融资源，即将增加金融深度与拓展金融宽度作为优化京津冀 CBD 金融资源的一种模式。

本书用京津冀的金融深度、金融宽度与经济增长指标来替代京津冀 CBD 所对应的金融数据，来研究京津冀 CBD 金融资源的优化。这样研究的原因如下：首先，京津冀 CBD 是该区域的金融中心，集中了区域大部分的金融资源（包括金融市场、金融机构、金融业务、金融监管及金融工具等），一般占比在 80% 左右。这样替代大致可以保证研究的可靠性和真实性。其次，京津冀的金融数据可以保证数据的连续性，有利于实证研究。京津冀 CBD 没有公开金融统计数据，难以建立模型进行实证研究。本书的这种替代性研究既可以保证数据的可靠性，又可以保证数据的连续性。最后，京津冀地区金融数据可以研究深入到地级层面，这在同类研究还不多见，具有一定创新意义。

本书中的金融深度是指一国或者地区金融深化的程度，表示了金融资产存量规模的大小。金融深度的增加有利于资本的累积，有利于增加金融供给，提高储蓄向投资的转化率，推动经济增长。此外，金融深度的增加为自主创新提供了资本支持以及风险分散的功能，从而促使经济体内技术

的不断变革与飞跃，推动了经济增长。本书中的金融宽度是指金融服务本身的覆盖性和社会各群体对于金融服务的可得性。拓展金融宽度能够有效地降低金融市场准入成本，使更多低收入群体能够享受到金融服务，进而提升社会全体的生产能力，同时可以提高金融体系的运转效率。

  本书在现有的金融发展与经济增长的理论基础之上，利用金融与经济增长的相关数据，对京津冀金融深度、金融宽度对经济增长的影响做了理论与实证研究。首先，通过选取合适的指标对京津冀的金融深度、金融宽度、经济增长进行度量；其次，使用 2003 年至 2019 年京津冀地区的 13 个城市的相关数据，选取各城市的经济增长作为被解释变量，金融深度、金融宽度作为解释变量；最后，在控制了固定投资水平、财政支出水平、对外开放程度因素之后，通过建立面板数据回归模型进行实证分析。

第一节　样本选取与变量定义

一、样本选取与数据来源

  本书将数据选取的时间区间确定为 2003 年至 2019 年，在进行面板回归时，我们选取了京津冀 13 个城市的数据。具体数据来源有万得资讯（Wind）、中国国家统计局和各省（市）统计局及其各年的统计年鉴、原中国银行业监督管理委员会的公开数据。需要特别说明的是，本书所选数据的地区以北京市、天津市以及河北省的 11 个城市的行政区域划分为标准，而"京津冀一体化"方案、"首都经济圈"规划项目、"京津冀城市群"概念、"京津冀协同发展"战略等政策的颁布和实施均是按照此区域划分标准进行的。依据此区域划分标准来看，北京市、天津市作为直辖市，其金融和经济发展程度相较于其余 11 个城市会更高，这可能导致其各衡量指标的绝对值过大、数据总体标准差过大，从而使回归结果不够准确。针对这一问题，从以前学者的研究来看，不管是对中国各省市还是对世界上各个国家的实证分析，都存在不同城市或者不同国家个体差异较大的问题，而且金融深度、金融宽度的度量方法基本都是比率化指标，可以一定程度解决数据间差异过大的问题。

二、变量定义

（一）因变量：经济增长指标

对于各个城市的经济增长的衡量，常用的指标主要有国内生产总值（GDP）、人均 GDP（Per Capita GDP，PCGDP）与各自的增长率。从前面的理论分析来看，金融深度、金融宽度对经济增长的影响主要在于刺激经济发展，而不是作用于经济增长率的变化，胡宗义等（2013）、赵振全等（2007）选择将 GDP 作为衡量指标，王景武（2005）、王定祥等（2009）、李强等（2013）、姚星垣（2014）选择将人均 GDP 作为衡量指标。鉴于人均 GDP 指标更能表示一个地区的经济发展水平，且不同地区与城市间更具有可比性，同时能够缩小变量间的数据大小差异，所以本书选取了人均 GDP 来衡量各个城市的经济发展水平。

（二）核心自变量：金融深度指标

对于金融深度的衡量方法，国内外绝大多数的学者都使用了戈德史密斯的金融相关率（FIR）这一指标，其计算方法为金融资产与 GDP 的比值。对于金融资产的具体衡量指标，多数学者选取了广义货币供给（M2）数据进行研究，但鉴于中国省市级的 M2 数据无法得到，再参考赵志华等（2005）、李强等（2013）、姚星垣（2013）选取的金融机构的存款余额加贷款余额之和与该地区 GDP 的比值作为衡量金融深度的指标，结合京津冀各城市特别是非京地区的金融机构存款与贷款之和也仍然占据金融资产的主要地位这一现状，本书最终选取了各个城市的存贷款余额之和与该城市 GDP 的比值作为金融深度的衡量指标。

（三）核心自变量：金融宽度指标

根据本书对金融宽度的定义，其主要是指金融的可得性、覆盖性，参考霍诺翰（Honohan）和贝克（Beck，2009）、邵宜航（2015）等学者选取人均金融分支机构数量来衡量金融宽度，考虑京津冀地区各个城市相关数据的可得性，本书最终选用了各个城市的金融机构数量与该城市总人口的比值作为金融宽度的衡量指标。

（四）控制变量

本书参考金和雷文（1993）、邵宜航等（2015）、李强等（2013）、姚星垣（2013）等学者研究方法，选取了固定投资水平、财政支出水平、对外开放程度作为控制变量。其中，固定投资水平用各个城市固定投资总额与 GDP 的比值表示；财政支出水平用各个城市地方公共财政支出总额与 GDP 的比值表示；对外开放程度用各个城市进出口总额与 GDP 的比值表示，其中本书参考赵振全（2007）、李强（2013）的方法，使用了各年份的日平均汇率对进出口总额进行人民币折算。

变量定义具体见表 4-1。

表 4-1 各变量的符号和单位

	变量名称	指标说明	单位	符号
被解释变量	经济增长	人均 GDP	万元/人	PCGDP
解释变量	金融深度	存贷款余额之和/GDP	/	FD
	金融宽度	金融机构数/人口数量	个/万人	FW
控制变量	固定投资水平	固定投资总额/GDP	/	IV
	财政支出水平	地方公共财政支出总额/GDP	/	G
	对外开放程度	进出口总额/GDP	/	O

第二节 京津冀金融资源发展现状

一、京津冀经济发展及金融发展分析

(一) 京津冀经济发展分析

从图4-1可以看出，京津冀地区总体和全国的人均GDP自2003年以来都在逐年升高。在2020年，京津冀人均GDP达到了7.8万元/人，而全国的人均GDP则为6.4万元/人。除此以外，京津冀地区的人均GDP一直高于全国人均GDP，这也符合京津冀区域是我国三大区域经济体之一，其经济发展水平较高的一般认知。

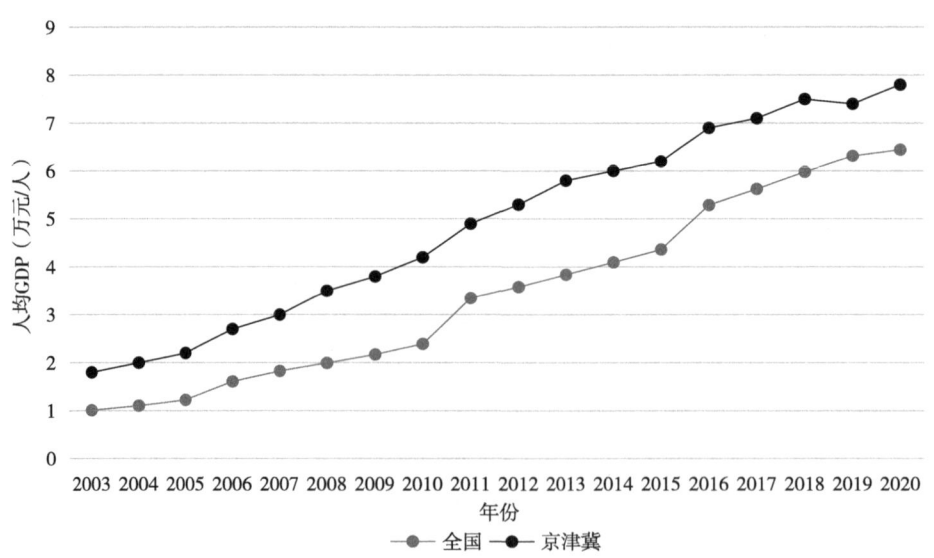

图4-1 京津冀地区与全国的人均GDP

(二) 京津冀的金融深度分析

从图4-2可以看出,京津冀地区总体的金融深度数值自2003年以来一直高于全国水平,且二者的发展趋势基本相同,近年来都出现缓慢上涨的态势。在2019年,京津冀的金融深度值达到5.13,全国的金融深度值为3.70。

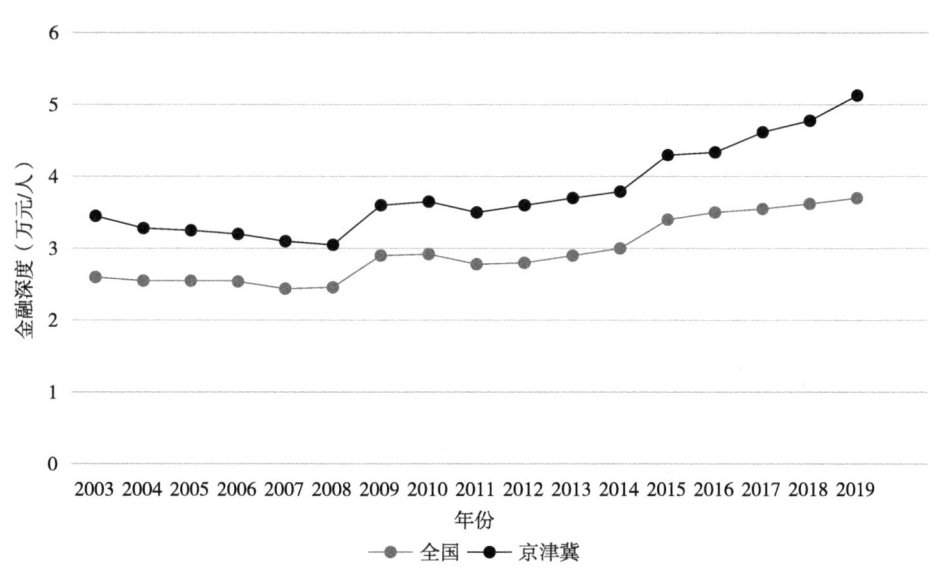

图4-2 京津冀地区与全国的金融深度对比

(三) 京津冀的金融宽度分析

从图4-3可以看出,京津冀地区总体与全国的金融宽度值自2003年一直呈现上升趋势,京津冀地区的金融宽度也一直略高于全国平均水平。在2019年,京津冀的金融宽度值达到1.79,全国的金融宽度值为1.70。

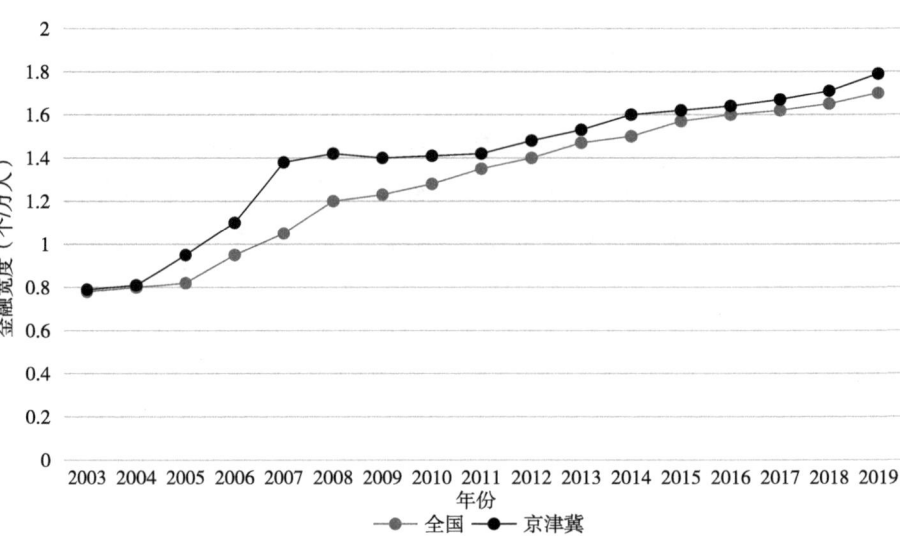

图 4-3　京津冀地区与全国的金融宽度对比

二、描述性统计

从表 4-2 的结果可以看到，由于部分城市的对外开放程度数据缺失，本书采用的数据是一个非平衡的面板数据，其中 $n=13$，$T=17$。变量 *Year* 为时间维度，所以其组间标准差为 0；*citites* 为地区变量，所以其组内标准差为 0；其余各变量的各项标准差均不为 0，说明不同城市在不同年份的经济发展水平、金融深度、金融宽度、固定投资水平、财政支出水平、对外开放程度都有差异。

表 4-2　各变量描述性统计

变量		均值	标准差	最小值	最大值	观测值
Year	overall	2011	4.042 249	2003	2019	$N=221$
	between		0	2011	2011	$n=13$
	within		4.042 249	2003	2019	$T=17$

续表

变量		均值	标准差	最小值	最大值	观测值
Cities	overall	7	3.751 979	1	13	N=221
	between		3.894 440	1	13	n=13
	within		0	7	7	T=17
PCGDP	overall	3.432 883	2.415 729	0.655 500	11.819 800	N=221
	between		1.926 330	1.689 479	7.319 956	n=13
	within		1.546 453	-1.025 520	7.932 726	T=17
FD	Overall	2.443 686	1.258 413	1.134 097	7.574 625	N=221
	between		1.238 162	1.476 174	6.323 701	n=13
	within		0.400 833	1.524 923	4.115 651	T=17
FW	overall	1.186 530	0.419 139	0.237 837	2.051 383	N=221
	between		0.263 080	0.863 198	1.706 232	n=13
	within		0.333 823	0.430 846	1.845 441	T=17
IV	overall	0.371 670	0.436 600	0.019 215	2.547 598	N=221
	between		0.330 836	0.089 247	1.140 162	n=13
	within		0.298 376	-0.584 030	1.779 106	T=17
G	overall	0.104 790	0.194 813	0.004 686	1.279 509	N=221
	between		0.160 794	0.025 090	0.576 412	n=13
	within		0.118 129	-0.324 870	0.807 886	T=17
O	overall	0.219 760	0.235 712	0.008 136	1.201 801	N=202
	between		0.216 624	0.029 362	0.786 335	n=13
	within		0.092 940	-0.169 000	0.635 236	T-bar=15.538 5

第三节 实证分析

一、模型设计

通过文献整理和前面章节的理论与现状分析，我们发现京津冀金融深度、金融宽度对经济增长可能会存在正向的影响,所以本书使用了京津冀地区的13个城市2003年至2019年的相关数据进行实证分析,以期对前面的理论分析加以佐证,探明京津冀金融深度、金融宽度与经济增长的具体关联,并同时为京津冀地区金融与经济发展战略提出有针对性、合理性的建议。

由于本书所研究的京津冀金融深度、金融宽度对经济增长的影响问题不仅包括北京、天津及河北省11个城市的横截面维度,还涉及2003年至2019年的时间跨度,所以适宜用面板数据进行回归分析。面板数据回归分析还有一大优点就是可以解决遗漏变量问题。在进行回归分析的时候,遗漏变量的偏差是普遍存在的问题,虽然使用工具变量可以解决这个问题,但是由于有效的工具变量常常是难以找到的,所以此时面板数据回归分析就为我们提供了一个非常好的途径。本书参考金和雷文(1993)、邵宜航等(2015)、李强等(2013)、姚星垣(2013)等学者所使用的具有代表性的分析金融发展对经济增长的计量模型,选取了固定投资水平、财政支出水平、对外开放程度作为控制变量,建立如下模型:

$$PCGDP_{it} = c + \beta_1 FD_{it} + \beta_2 FW_{it} + \beta_3 IV_{it} + \beta_4 G_{it} + \beta_5 O_{it} + \varepsilon_{it}$$

式中:经济增长、金融深度、金融宽度的衡量指标仍沿用表4-2的变量定义,且以 $PCGDP_{it}$ 作为被解释变量,代表第 i 个城市在第 t 年的人均国内生产总值;c 为截距项;FD_{it}、FW_{it} 作为解释变量,分别代表第 i 个城市在第 t 年的金融深度、金融宽度;IV_{it}、G_{it}、O_{it},分别代表第 i 个城市在第 t 年的固定投资水平、财政支出水平、对外开放程度;ε_{it} 为随机误差项。

二、实证检验

(一)单位根检验

采用非平稳的时间序列进行回归分析,会导致传统的 t 检验失效,从而出现伪回归或伪相关的情况，所以在进行回归分析之前，需要先对各个变量进行单位根检验，判断其是否为平稳序列。本书采用了 IPS 检验和 PP-Fisher 检验两种检验方法对各变量进行单位根检验。IPS 检验和 PP-Fisher 检验的原假设都是存在单位根，检验结果如表 4-3 所示，其中 PP-Fisher 检验仅报告了 Pm 检验统计量的值，判断各变量是否平稳则根据 PP-Fisher 检验的四种检验结果进行综合考虑，而不管是根据 IPS 检验还是 PP-Fisher 检验的结果来看，各变量都不能拒绝原假设，即存在单位根，为非平稳序列。对变量做一阶差分变化后的检验结果如表 4-4 所示，各变量差分变化后的 IPS 检验结果和 PP-Fisher 检验结果均在 1% 的置信水平下拒绝原假设，即各变量一阶差分后都为平稳序列，原序列都是一阶单整序列，记为 I（1）。

表 4-3　各个变量的单位根检验结果

检验方法	变量	检验统计量	P 值	是否平稳
IPS 检验	PCGDP	2.022 6	0.978 4	非平稳
	FD	0.769 8	0.779 3	非平稳
	FW	-0.894 1	0.185 6	非平稳
	IV	-0.398 5	0.345 1	非平稳
	G	5.081 4	1.000 0	非平稳
	O	-0.264 1	0.395 9	非平稳
PP-Fisher 检验	PCGDP	-2.640 2	0.995 9	非平稳
	FD	-1.983 8	0.976 4	非平稳
	FW	-0.314 8	0.623 5	非平稳
	IV	2.424 0	0.007 7	非平稳
	G	-3.046 4	0.998 8	非平稳
	O	0.305 6	0.380 0	非平稳

注：PP-Fisher 检验统计量此处仅报告了 Pm 统计量。

表 4-4 各个变量的一阶差分变换后的单位根检验结果

检验方法	变量	检验统计量	P 值	是否平稳
IPS 检验	$\Delta PCGDP$	-5.845 5	0.000 0	平稳
	ΔFD	-4.954 5	0.000 0	平稳
	ΔFW	-6.469 6	0.000 0	平稳
	ΔIV	-4.986 3	0.000 0	平稳
	ΔG	-3.022 8	0.001 3	平稳
	ΔO	-7.334 7	0.000 0	平稳
PP-Fisher 检验 (Pm 统计量)	$\Delta PCGDP$	7.252 8	0.000 0	平稳
	ΔFD	12.912 7	0.000 0	平稳
	ΔFW	25.725 9	0.000 0	平稳
PP-Fisher 检验 (Pm 统计量)	ΔIV	20.969 0	0.000 0	平稳
	ΔG	5.496 0	0.000 0	平稳
	ΔO	13.852 7	0.000 0	平稳

注：Δ 为各变量的一阶差分变换；PP-Fisher 检验统计量此处仅报告了 Pm 统计量。

（二）协整检验

通过单位根检验发现各变量都为一阶单整序列，鉴于一阶差分后的变量的经济含义与原序列不同，本书仍然倾向于用原序列进行回归分析，所以需要进行协整检验，以验证各变量之间是否存在长期均衡关系，从而判断能否使用原序列进行回归。本书选用了 Kao 检验和 Pedroni 检验两种面板数据协整检验方法进行检验，检验结果如表 4-5 所示，各检验统计量都在 5% 的置信水平下显著，拒绝不存在协整关系的原假设，故而可以使用各变量的原序列进行回归。

表 4-5 各种协整检验结果

检验方法	检验统计量	P 值
Kao 检验	-1.842 6	0.032 7
	-2.035 9	0.020 9
	-2.749 7	0.003 0

续表

检验方法	检验统计量	P 值
Pedroni 检验	4.677 8	0.000 0
	-3.560 7	0.000 2
	-6.267 4	0.000 0

(三) 组间异方差检验

面板数据分析的回归方法通常是 OLS 回归，但在存在组间异方差时，会导致 t 检验和 F 检验统计量失效，进而使 OLS 的估计不再是最佳线性无偏一致性估计，所以在进行回归前我们要先做组间异方差的检验。本书采用了格林 (2000) 所提供的对组间异方差的沃尔德检验，该检验的原假设 (H0) 为"同方差"，即不存在异方差。检验结果如表 4-6 所示，P 值为 0.000 0，远小于 0.01（1%置信水平），强烈拒绝原假设，所以本书所使用的面板数据存在组间异方差，后面的回归分析过程中会采用相应的方法进行处理。

表 4-6 组间异方差检验结果

检验	检验统计量值	P 值	结果
组间异方差	325.15	0.000 0	存在

(四) 面板数据回归模型的筛选

在对面板数据进行具体地回归分析之前，需通过各项检验来确定面板数据回归的具体模型，即混合回归、固定效应和随机效应模型。本书通过 F 检验判断是否该使用混合回归模型，结果如表 4-7 所示，F 检验的 P 值远小于 0.01，强烈拒绝原假设（H0：混合回归模型为正确模型），即应该使用固定效应或者随机效应模型。

表 4-7　F 检验结果

检验统计量	检验统计量值	P 值	是否使用混合回归
F	23.69	0.0000	否

对于固定效应模型和随机效应模型的选择，通常是通过 Hausman 检验来检验固定效应和随机效应的系数估计量是否共同收敛于真实的参数值，即 $(\hat{\beta}_{fe}-\hat{\beta}_{re})\xrightarrow{p}0$，但是 Hausman 检验的前提条件是在原假设（H0：随机效应模型为正确模型）成立的情况下，$\hat{\beta}_{re}$ 估计量是最有效率的。然而，如果扰动项中存在异方差时，$\hat{\beta}_{re}$ 估计量就并非是最有效率的估计量。通过前一节的检验结果，我们知道了本书所使用面板数据回归是存在异方差的，此时 Hausman 检验的结果并不准确，需要构造新的辅助回归（此过程由 stata 自动完成），并且使用聚类稳健标准误 r 来检验原假设（H0：随机效应模型为正确模型），检验结果如表 4-8 所示。辅助回归后检验的检验结果在 1% 的置信水平下拒绝原假设，所以应该使用固定效应模型。

表 4-8　辅助回归后的检验结果

检验统计量	检验统计量值	P 值	是否使用随机效应模型
Chi-sq（5）	85.672	0.0000	否

三、"OLS+面板校正标准误" 回归分析

经过各项相关检验，本书最终确定了使用固定效应模型进行回归分析，但普通的固定效应模型的回归方法是在模型两边对时间取平均，然后用原模型减去取完平均的模型，从而消除固定效应，再用普通最小二乘法（OLS）得到一致地估计系数 β，而由于本书所采用的面板数据存在组间异方差的问题，会导致使用普通最小二乘法（OLS）所得到的参数估计量不准确。为了解决这一问题，本书使用陈强（2014）提供的被学术界广泛认

可的"OLS+面板校正标准误"法进行估计如表4-9所示。最终的估计结果如表4-9所示，变量 FD 的估计系数为0.503 079，在10%的置信水平下显著（P 值=0.083<0.1）；变量 FW 的估计系数为1.024 695，且在1%的置信水平下显著（P 值=0.002<0.01），且变量 FD、FW 的估计系数经过标准化处理后分别为0.262 066和0.341 295。

表4-9 "OLS+面板校正标准误"的回归结果

变量	估计系数	标准误差	t统计量值	P值
FD	0.503 079	0.266 085	1.89	0.083
FW	1.024 695	0.265 986	3.85	0.002
IV	2.935 831	0.796 362	3.69	0.003
G	2.346 278	0.760 144	3.09	0.009
O	0.169 022	1.676 438	0.10	0.921

四、稳健性检验

为了检验研究所用模型的估计结果的稳健性，参考了邵宜航（2015）、王景武（2005）等学者的研究使用总贷款余额占GDP比率的指标（用符号 L 表示）衡量金融深度，参考了胡宗义等（2013）、赵振全等（2007）的研究使用GDP作为被解释变量。本书分别用更换解释变量指标选取、被解释变量指标选取的方法对模型做了稳健性检验。检验结果如表4-10、表4-11、表4-12所示，各种稳健性检验的结果都表明，京津冀的金融深度、金融宽度对经济增长都有显著的正相关关系。

表4-10 更换解释变量的稳健性估计结果

变量	估计系数	标准误差	t统计量值	P值
L	1.237 339	0.617 129	2.00	0.068
FW	1.079 281	0.271 839	3.97	0.002
IV	2.783 882	0.756 322	3.68	0.003

续表

变量	估计系数	标准误差	t 统计量值	P 值
G	3.117 676	0.471 949	6.61	0.000
O	0.516 093	1.762 042	0.29	0.775

注：解释变量由 FD 更换为 L。

表 4-11　更换被解释变量的稳健性估计结果

变量	估计系数	标准误差	t 统计量值	P 值
FD	0.249 709	0.081 245	3.07	0.010
FW	0.764 555	0.105 068	7.28	0.000
IV	0.706 297	0.128 719	5.49	0.000
G	-0.308 760	0.133 476	-2.31	0.039
O	0.065 526	0.389 253	0.17	0.869

注：被解释变量由 $PCGDP$ 更换为 GDP。

表 4-12　被解释变量和解释变量都更换的稳健性估计结果

变量	估计系数	标准误差	t 统计量值	P 值
L	0.503 19	0.192 027	2.62	0.022
FW	0.816 372	0.100 607	8.11	0.000
IV	0.628 629	0.146 079	4.30	0.001
G	0.061 865	0.114 470	0.54	0.599
O	0.174 046	0.426 999	0.41	0.691

注：被解释变量由 $PCGDP$ 更换为 GDP，解释变量由 FD 更换为 L。

第四节　研究结论与政策建议

一、研究结论

本书以 2003 年至 2019 年京津冀区域的 13 个城市的面板数据为样本，

参考学者们已有的研究成果,选取了人均 GDP 作为衡量经济增长的被解释变量,分别将存贷款余额之和与 GDP 的比值、金融机构数量与人口的比值作为衡量金融深度和金融宽度的解释变量,并在控制了固定投资、政府支出、对外开放因素后,采用固定效应模型对京津冀区域金融深度、金融宽度对经济增长的影响进行了相关研究。现对研究结果总结如下:

第一,京津冀的金融深度对经济增长有显著的正向影响,且这一结果是稳健的,这与大多数相关文献的研究结论一致(Goldsmith, 1969; Mckinnon, 1973; Shaw, 1973; King, Levine, 1993; Maksimovic, 2001; Ben Jedidia, 2014; 赵志华, 2005; 王伟, 2011; 李强, 2013)。分析表4-9所显示的实证结果中的回归系数可以发现,解释变量金融深度(FD)的系数为 0.503 079,这意味着京津冀地区金融深化程度(存贷款余额之和/GDP)每提高 1 个单位,能够促进人均 GDP 增加 0.503 079 万元。京津冀的金融深度的继续深化对于经济增长有明显的促进作用,这可能是因为京津冀地区金融深度的发展还不足以满足经济活动的需求,而京津冀地区内部多数城市的金融深度都低于全国平均水平的现状也在一定程度上反映了这一问题。因此,京津冀金融深度的增加,金融资产规模的扩大,可以使地区金融活动对经济的渗透力增强,提供更多额度更大的资本的支持,同时促使经济体内技术进行革新,进而推动经济增长。

第二,京津冀的金融宽度对经济增长有显著的正向影响,这一结果同样稳健,这与前面的理论分析是相吻合的,进一步分析表4-9所显示的实证结果中的回归系数可以发现,解释变量金融宽度(FW)的系数为 1.024 695,这意味着京津冀地区金融机构数量平均每万人增加 1 个,能够促进人均 GDP 增加 1.024 695 万元。京津冀金融宽度的拓展对经济增长也有明显的促进作用,这可能是人均金融机构数量的增加提升了金融服务的覆盖性和可得性,使更多有金融服务需求的人能够享受到金融服务带来的便利,弱化金融歧视与不公,同时这些新进入金融市场的群体也为金融市场注入了活力,让金融活动变得愈加频繁,从而提升了金融体系的运转效率，也为落后地区生产技术的改进提供了更多、更易得的支持，进而推动了经济增长。

第三，金融宽度的提高对于经济增长的促进作用明显强于金融深度的提高。这从经过数据标准化处理后金融宽度的回归系数大于金融深度的回归系数可以看出。金融宽度的促进作用更明显可能是发展中国家的通病，即早期金融发展更注重金融资本的积累而难以兼顾金融覆盖性、可得性的提升，导致金融宽度一直处于一个较低的水平，因此以较低的投入就能够获得更大的边际收益。

第四，京津冀地区金融、经济发展不均衡的问题尤为突出，甚至呈现出北京、天津、保定、廊坊等较发达地区与其余欠发达地区两极分化的趋势。从前面的现状分析能够看到，京津冀地区各城市中经济发展水平与金融深度超过全国平均水平的城市不足半数，其中仅北京、天津、保定、廊坊等城市的发展程度较高，而金融宽度水平虽高于全国平均水平，但差距也十分有限，这与京津冀地区作为我国三大经济体之一，要带动环渤海地区经济发展的战略目标还相距甚远。本书认为造成这一局面的原因有两点：一是北京作为我国的首都，首要注重的是其行政职能，这导致了整个京津冀地区的经济发展目标会低于其确保有效发挥地区行政职能的目标；二是北京、天津作为我国的直辖市，存在许多的政策、资源倾斜，使得北京和天津的周边城市也在一定程度上受益，进而拉大了与其他边缘城市之间发展的差距。

二、政策建议

基于金融深度、金融宽度对于经济增长有明显促进作用，且金融宽度的促进作用更甚，以及京津冀地区金融、经济发展不平衡等结论，参考京津冀的理论现状分析，结合京津冀区域的实情，为了使京津冀CBD金融资源更好地服务于京津冀经济发展，本书以京津冀金融深度与金融宽度作为京津冀CBD金融资源的优化模式，提出了以下与之对应的政策建议：

第一，金融体系的发展以深化金融深度为辅，增加资本的累积，增加金融供给，发挥金融中介的资金融通功能，加强金融活动对经济的渗透力，为自主创新、技术变革等提供足够的资本支持，充分发挥金融深度对经济的促进作用。而且金融深度不应该局限于信贷方面，也要注重多元化发展。

第二，金融体系的发展以拓宽金融宽度为主，增加人均金融机构数量，提升金融可得性，增大金融覆盖面，提高金融服务质量，拓宽中小企业、个人获得金融服务的渠道，降低金融市场准入成本，使更多的低收入群体能够享受到金融服务带来的各项福利，减少不公平和贫困，更好地发挥金融中介功能。例如，在金融宽度较为狭窄的地区，大力推进基础金融机构建设，适当放宽或调整金融机构的准入限制，解决金融机构网点覆盖率低等问题。

第三，政府须完善金融相关法制、加强金融体系的道德建设，提升金融服务的公平性，提高金融体系服务意识和平等意识，弱化其对于大型企业、国有企业的依赖，消除其对小企业、个人的歧视，促进金融市场的民主化。同时实施适当的金融约束，把控金融发展的方向，尽快补齐金融宽度发展不足的短板，兼顾金融深度的继续良性发展，进而更好地发挥金融对经济的促进作用。

第四，政府与企业各方都应注重京津冀协同发展，调整优化金融资源布局，在充分发挥北京、天津等市的带领作用的同时，将资源适当向邯郸、沧州等发展水平较低的城市倾斜，以减轻京津冀内部各城市金融深度、金融宽度、经济发展不均衡的压力，加快京津冀金融市场一体化进程，努力促成京津冀协同发展新格局。

第五章 "一带一路"中京津冀 CBD 金融资源配置及其经济影响

"一带一路"倡议是在新时代背景下，中国面对剧烈变化的国际政治经济形势，提出的对外合作开放、刺激国内经济增长发展的一项重大举措。提出"一带一路"倡议的目的在于推动沿线各个国家经济资源市场的交流与融合，促进经济政策协作框架实现，推动大范围、高水平、深层次的国际合作，共同构建开放包容的区域经济合作结构，这项举措关乎"一带一路"沿线国家的经济社会发展可持续性。金融在建设"一带一路"的过程中具有十分重要的地位。发挥金融在"一带一路"中的资源配置引导功能，使用金融这一高效工具，有效推动中国与"一带一路"沿线国家资源配置效率，促进金融资源高效产出，减少金融资源浪费，对于"一带一路"国家经济发展有重大意义。

京津冀经济协同发展与"一带一路"建设之间有着非常紧密的关系。二者都以促进国家经济发展为目标，都具有相同的"点-轴"空间结构理论基础。京津冀经济发展对于中国经济发展的作用，正如同中国经济发展对于"一带一路"沿线国家经济发展的带头作用一样重要。京津冀经济协同发展战略是将国内相邻区域串联起来，而"一带一路"建设则是将整个中国和世界联系起来。京津冀作为中国的重要经济发展区域，既带动中国北方各个地区的协调发展，也在"一带一路"建设中扮演着极为重要的角色，为我国更好地吸收海外先进技术，开拓更广阔的海外市场产生重大的推动作用。未来京津冀经济发展应当与"一带一路"建设互为依托、互为支撑。一方面，如果能将京津冀经济发展以恰当的方式融入"一带一路"

建设，京津冀就能获得辐射全国甚至全球的金融资源，其经济增长会得到非常大的促进；另一方面，京津冀经济发展能为"一带一路"建设的实施提供重要的支撑，包括科技、人才及金融资源等，支持"一带一路"沿线国家及区域经济发展。

总之，从金融资源配置及经济增长的角度来讲，京津冀地区与"一带一路"区域有着紧密的联系。和"一带一路"区域中各个国家与地区的金融资源存量与结构存在差异类似，在京津冀地区内部也存在着差异。例如，京津冀CBD集中了京津冀地区大部分的金融资源，包括金融市场、金融机构、金融业务、金融监管及金融工具等，而京津冀其他地区的金融资源存在着一定的不均衡现象。因此，我们研究"一带一路"区域金融资源配置对经济发展的影响，以此作为京津冀CBD金融资源优化路径可行性方案的一种探索。

本章以金融资源理论为基础，将各国的金融机构、金融产品以及金融市场等金融要素作为整体性战略资源来看待，认为金融资源是促进区域经济增长的核心要素。一般而言，不同地区会存在金融发展水平的差异，会导致经济发展产生差别，即不同总量、不同发展程度的金融业，其内部结构的组成要素对经济增长的刺激不同，金融资源的总量、发展水平和效率共同决定了经济发展。

在现实背景下，我们需要对"一带一路"沿线国家的金融资源发展现状进行分析，进而促进区域之间的协调发展，实现共同繁荣。因此，本章梳理了"一带一路"沿线53个国家2006年至2019年的经济与金融资源指标，包括国家GDP、银行贷款总额、证券交易额、保费收入、外国直接投资等经济与金融指标，并对这些指标进行归纳和实证分析，探索金融资源的配置对经济增长的影响机制，研究符合"一带一路"沿线国家实际情况的金融发展战略。

与以往研究相比，本章的特色之处在于：首先，将金融系统及其要素视为一种整体性战略资源，明确核心金融资源为金融机构存贷款余额、股票筹资额、保费收入和外国直接投资额；其次，将"一带一路"沿线国家划分为七大经济区域，对其金融资源进行行业及区域分析（差异分析）；最后，证实研究了金融资源差异对经济差异的影响机制，并对这种机制的影响程度与原因进行分析。

第一节　变量与样本的选取

一、变量的选取

本节我们将对经济发展与金融资源之间的关系进行实证研究。由于多数金融资源的指标同当地人口等因素无显著关系，另外金融资源有着高流动性、广泛性等特征，因此本书以国内生产总值（GDP）作为模型的被解释变量，而未采取人均 GDP 等指标。在对各国所在区域进行划分时，参照世界银行的区域划分依据对世界各国的经济体分组。

对于解释变量的选取，在此做一个说明：由于本书从金融资源学说的视角来研究"一带一路"沿线各区域金融资源的问题，因此，本书将从金融资源学说中寻求比较有代表性的指标作为解释变量。所有解释变量应当满足以下条件：一是指标组合系统化，选取的变量不但属于金融资源系统，同时要属于同一个层次的金融资源，变量之间互相关联又相互独立；二是指标标准化，这是用于实证检验数据选取的基础。

根据以上的条件，参考现有金融文献之后，将解释变量聚焦于金融的结构效率。金融的结构效率就是一个国家通过法律形式和经济规律确定的金融资源结构，和这一结构中各种资源要素发生的作用和相互之间的关系。它体现了金融作为一种资源从开发到配置的结构安排。但是可以用于金融的结构效率量化分析的指标是有限的，比如金融监管体系就难以量化。由于数据获取途径有限,并不是所有可量化的指标都能够获得足够用于实证检验的数据。根据前面提到的两大条件,本书将解释变量锁定在金融业务体系上,从银行、证券、保险三大金融行业选取具有代表性的指标作为解释变量,研究其与国内生产总值(GDP)之间的关系。由于世界上绝大多数国家和地区都是开放的经济主体,金融资源的在国家之间的流动也是一种非常重要的指标。因此,在进行金融资源发展的计量分析中,选取以下四个指标:

银行部门国内信贷(R_m):国内商业银行对社会提供贷款的总量。计算时,中央政府信贷除外,以净额计算。按现价美元计算。

股票交易总额(R_c):一定时期内股票交易总额。该指数可体现出金融中的证券市场规模是否与经济规模相匹配,从而对"股票市场发达程度"这一指标进行补充。按现价美元计算。

保费收入(R_i):根据世界银行相关指标的定义,仅包括出口货物的货运保险以及人寿保险等其他直接保险。按现价美元计算。

外国直接投资(R_f):指一国的投资者为了获得另一国家经济体中某一企业的永久性管理权和收益权所进行的投资。该指标扣除了外国资本流出额,为某一国家收到的所有来自国外投资的净流入的总和。按现价美元计算。

二、样本空间的选取

如果将样本依照一国所在区域分组对比研究,可以直观地看出金融资源各解释变量在该区域的聚集特征的特征,因而本书参照世界银行的标准,将"一带一路"沿线各个国家划分为七组:中国,中亚,东南亚,南亚,西亚,中东欧,独联体。在考虑到各个国家经济特点、各项金融数据的完整性等多个因素后,最终对"一带一路"国家进行分组[①],

---

① 任广乾,刘莉."一带一路"沿线国家金融效率综合评价[J].经济地理,2018,38(6):109-116.

如表 5-1 所示。

表 5-1 "一带一路"沿线国家

区域	国家
中国	中国
中亚	哈萨克斯坦 乌兹别克斯坦 土库曼斯坦 塔吉克斯坦 吉尔吉斯斯坦 蒙古
东南亚	新加坡 马来西亚 印度尼西亚 缅甸 泰国 老挝 柬埔寨 越南 菲律宾
南亚	印度 巴基斯坦 孟加拉国 阿富汗 斯里兰卡 尼泊尔 不丹 马尔代夫
西亚	约旦 黎巴嫩 以色列 沙特阿拉伯 也门 阿曼 阿联酋 巴林 埃及
中东欧	波兰 立陶宛 爱沙尼亚 拉脱维亚 捷克 斯洛伐克 匈牙利 克罗地亚 波黑 黑山 塞尔维亚 罗马尼亚 保加利亚 马其顿
独联体	俄罗斯 乌克兰 白俄罗斯 摩尔多瓦

资料来源：中国"一带一路"网。

时间跨度选择方面，考虑到应当对应"一带一路"提出和建设时间，贴近"一带一路"沿线国家对于金融资源的实际拥有量，本书将时间区间确定在2006—2019年，在这一时间区间内，世界经济平稳发展，同时，相关数据量也相对充足完整。

三、经济发展与金融资源现状

从图 5-1 可以看出，"一带一路"沿线国家总 GDP 自 2006 年以来都在逐年升高。在 2019 年，中国的总 GDP 达到了 14 万亿美元。除此以外，中国的总 GDP 一直远远高于"一带一路"沿线其他国家 GDP，这也符合中国作为"一带一路"建设的带头国家的一般认知。

从图 5-2 和图 5-3 中可以看出，中国金融资源总量以及增长速度远超"一带一路"沿线其他国家。也可以看出，"一带一路"其他国家的金融资源较为薄弱，中国作为"一带一路"经济建设的主导国家，金融资源聚集的程度不断加强。另外，"一带一路"国家金融资源增长幅度十分有限。

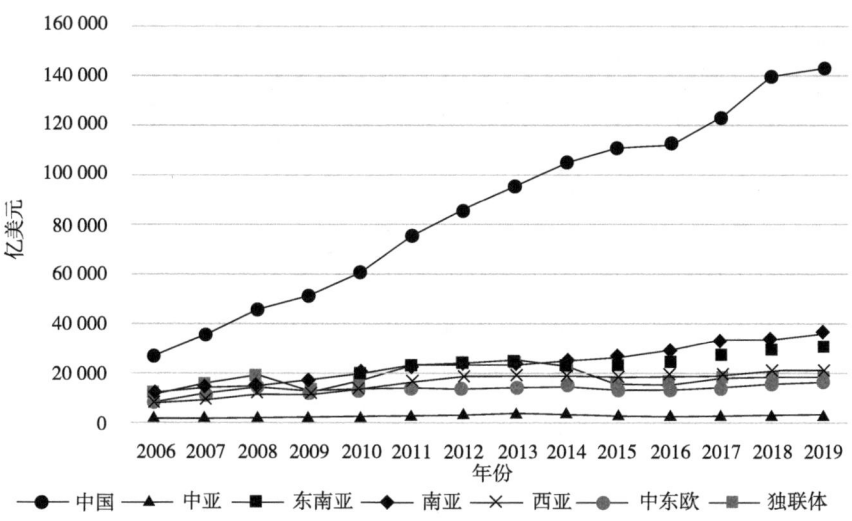

图 5-1　"一带一路"国家 GDP 总量

资料来源：世界银行数据库。

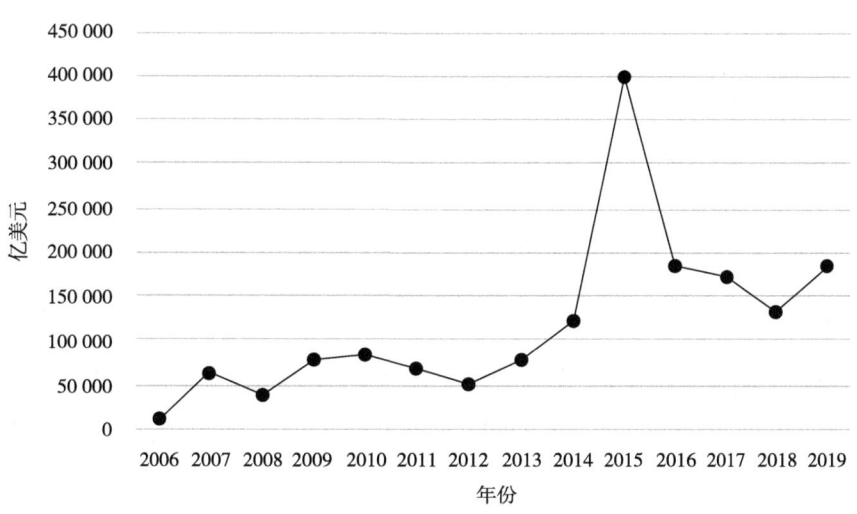

图 5-2　中国金融资源总量

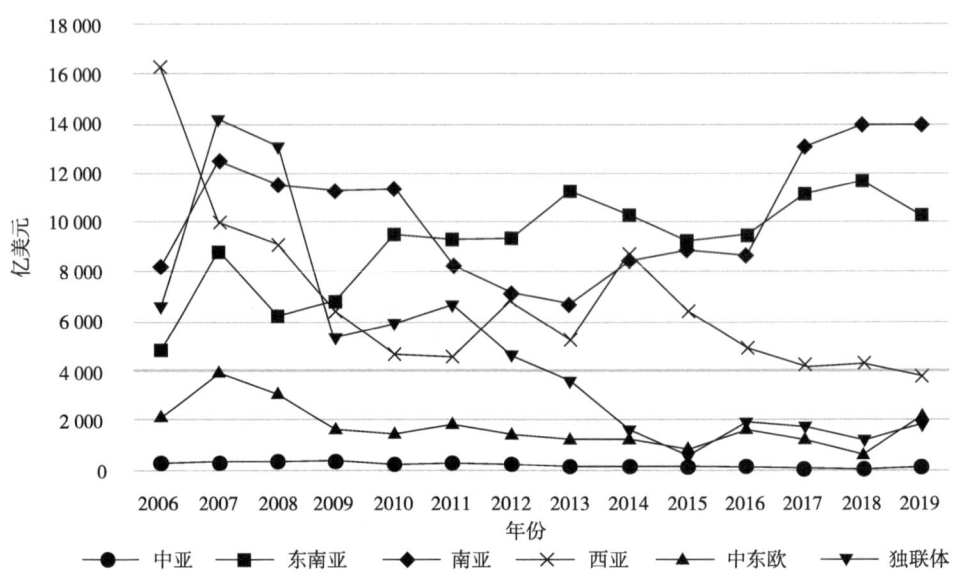

图 5-3 "一带一路"沿线除中国外的国家金融资源总量

资料来源：世界银行数据库。

第二节 模型的设计

一、研究目标

本书使用代表各国核心金融资源和经济发展状况的数据进行面板数据的实证研究，根据国家所在地理位置的不同分为七个区域，研究不同区域国家核心性金融资源与经济发展之间的量化关系，对金融资源发展的程度进行初步探索。

二、数据来源

本实证研究的所有数据来源为世界银行数据库,特别需要声明的是由于保费收入可获取的时间段仅为2006—2019年,无法得到1993—2006年长达13年的完整数据,所以保费收入的实证结果有可能会区别于其他实体性中间资源。

三、拟解决问题

第一,"一带一路"沿线国家的金融资源配置与经济增长间是否存在长期稳定的协整关系;

第二,金融市场发展各项指标与经济增长是否存在线性关系;

第三,"一带一路"沿线国家金融资源配置对经济增长的影响方式是否相同,是否存在区域的差异性。

四、模型设定

被解释变量:国内生产总值(GDP)

解释变量:银行部门国内信贷(R_m)/股票交易总额(R_c)/保费收入(R_i)/外国直接投资(R_f)。

为了简化解释变量与被解释变量之间的数量关系,进行对比分析,减少数据异方差,我们将对各个变量做取对数的处理。本书进行面板数据分析的模型如下:

$$\ln GDP_{it} = \alpha + \beta_1 \ln R_{m_{it}} + \beta_2 \ln R_{f_{it}} + \beta_3 \ln R_{c_{it}} + \beta_4 R_{i_{it}} + \mu_{it}$$

式中:α为截距项,i为截面个体;t为时期;μ_{it}为随机误差项;β_1表示国内贷款的影响系数,β_2表示外商投资额的影响系数,β_3表示证券市场交易额的影响系数，β_4 表示保费收入的影响系数。

第三节 实证检验

本书选取 2006—2019 年"一带一路"沿线国家 53 个国家的金融经济数据作为模型变量，共有 3 710 个数据，数据的描述性统计如表 5-2 所示。

表 5-2 经济变量描述性统计

变量	平均值	标准差	最大值	最小值
GDP/美元	2.63E+12	2.91E+12	1.42E+13	1.18E+11
银行部门国内信贷/美元	10 284 191 112	19 887 060 993	68 239 198 000	-61 093 934 000
外国直接投资/美元	77 529 394 173	69 176 788 741	2.90E+11	-17 367 789 606
证券市场交易额/美元	2.09E+12	5.29E+12	3.93E+13	345 400 000
保费收入/美元	23 426 031 368	24 610 929 975	1.02E+11	505 823 391.1

资料来源：世界银行（2006-2019），经整理得到。

实证检验步骤第一步进行平稳性检验：使用 Eviews8 统计分析软件，分别对被解释变量和各项解释变量进行单位根检验，结果如表 5-3 所示。

表 5-3 单位根检验

序列	ADF 单位根检验法	PP 单位根检验法
$D\ln GDP$	38.0748***	35.9261***
$D\ln Rm$	29.4380***	59.4294***
$D\ln Rf$	22.5383*	48.9137***
$D\ln Rc$	48.6416***	67.5805***
$D\ln Ri$	26.5766**	39.6047***

注：*、**、*** 分别表示在 10%、5%、1% 的水平上显著。

实证检验结果显示，在90%的置信区间水平下，各个变量的ADF与PP检验值均拒绝原假设，金融资源相关的各个变量均通过了单位根检验，说明选取的各个变量的数据都是平稳的。

实证检验步骤第二步进行协整检验。本书选取的解释变量和被解释变量在进行单位根检验时证明为同阶单整，下一步本部分将对于模型的变量之间是否存在长期稳定的关系进行检验，采取的方式为协整检验。

表5-4 协整检验

检验方法	检验统计量	检验结果
Kao 检验	ADF	-1.379 774*
Pedroni 检验	Panel v-Statistic	5.595 504***
	Panel rho-Statistic	2.946 165
	Panel PP-Statistic	-1.899 618**
	Panel ADF-Statistic	-1.330 461*
	Group rho-Statistic	3.918 059
	Group PP-Statistic	-6.494 297***
	Group ADF-Statistic	-2.784 326***

注：*、**、***分别表示在10%、5%、1%水平上显著。

通过表5-4我们发现，无论是Pedroni检验和还是Kao检验都拒绝原假设：选取的变量之间没有协整关系。检验说明被解释变量及其解释变量中存在长期稳定的关系。

实证检验步骤第三步，进行面板数据回归分析。在完成了以上数据检验工作之后，接下来进行面板数据回归模型的选取，使用随机效应回归模型进行回归，并利用Hausman检验来验证随机效应模型是否匹配该模型。Eviews8软件中Hausman检验的原假设是选择采用随机效应模型，检验结果如表5-5所示。

表 5-5 Hausman 检验

测试汇总	卡方检验	回归结果
Random	43.853 682	0.000 0

由检验结果我们可以发现，在 95% 的置信度水平下，Hausman 检验拒绝了建立随机效应模型的原假设，所以我们尝试采用固定效应模型。

实证检验步骤第四步，进行 F 检验为了进一步验证固定效应模型的合理性，采用 F 检验确定选用混合模型或者固定效应模型，F 检验结果如表 5-6 所示。

表 5-6 F 检验

效果检验	检验值	回归结果
F	19.883 668	0.000 0
Chi-square	75.107 617	0.000 0

我们可以发现 F 检验 P 值为 0，模型将采用个体固定效应模型。协整检验证明了变量之间存在着长期稳定关系，因此我们可以对变量进行回归，其结果是有效的，为了便于比较我们使用多元线性回归对各个地区的数据进行回归分析所得到的结果，如表 5-7 所示。

表 5-7 回归结果

地区	R_m	R_c	R_i	R_f	R^2
中国	-0.093 548*** (0.57)	0.052 177*** (1.69)	0.494 491*** (9.95)	0.201 961*** (-1.55)	0.993 575
中亚	-0.880 223*** (-0.66)	-0.244 085*** (-1.08)	-0.121 867 (3.49)	0.486 591*** (-1.44)	0.825 693
东南亚	0.045 894*** (3.75)	0.324 200*** (1.13)	0.479 853*** (8.90)	0.022 330 (0.09)	0.979 170
南亚	0.028 484 (1.76)	-0.045 041 (1.31)	0.773 210*** (2.01)	0.066 384 (1.27)	0.870 371

续表

地区	R_m	R_c	R_i	R_f	R^2
西亚	-0.042 244 *** (0.67)	0.190 711 *** (-1.45)	0.188 996 *** (4.00)	-0.617 140 *** (-2.41)	0.908 919
中东欧	0.004 442 (3.43)	0.019 821 (-7.06)	0.201 473 *** (43.82)	-0.017 787 (8.24)	0.840 506
独联体	0.192 356 *** (0.59)	-0.294 790 *** (-3.28)	0.420 590 *** (1.09)	0.300 957 (0.09)	0.862 022

注：*、**、*** 分别表示在10%、5%、1%水平上显著。

根据表5-7的估计结果可知：

针对本章在研究目标中提出的拟解决问题，从以上的实证结论可以得出："一带一路"沿线国家的金融资源配置与经济增长之间不存在协整关系，"一带一路"沿线国家的金融市场发展各项指标与经济增长之间存在长期稳定的线性关系。最后的实证回归结果得出："一带一路"沿线国家金融资源配置对经济增长的影响方式并不相同，存在区域间的差异性。

第一，银行贷款对于"一带一路"沿线国家经济兼有正向和负向的影响作用（如表5-7所示）。通过模型得到的回归值可以看出，银行贷款系数对于中国、中亚、西亚地区的估计值为负且显著：银行贷款额度增加一个百分点，可导致中国GDP减少0.093 548个百分点，中亚地区GDP减少0.880 223个百分点，西亚地区GDP减少0.042 244个百分点。从这样的数量关系中我们可以看出：银行贷款的增加对于当地经济增长有着负向影响作用。而对于东南亚和独联体地区的估计值则为正：银行贷款额度增加一个百分点，东南亚地区GDP增加0.045 894个百分点，独联体地区GDP增加0.192 356个百分点。从这样的数量关系中我们可以看出：银行贷款的增加对于当地经济增长有着正向影响作用。由此可以说明，银行贷款的扩张事实上减缓了中国、中亚、西亚地区经济的发展，却加快了东南亚和独联体地区的经济发展。

第二，证券市场融资额对于"一带一路"沿线国家经济有正向和负向的影响作用（如表5-7所示），以正向影响作用为主。通过模型得到的回归值可以看出，证券市场融资额系数对于中国、东南亚、西亚地区的估计值为正且显著。实证结果显示，证券市场融资额增加一个百分点，可导致中国GDP增加0.052 177个百分点，东南亚地区GDP增加0.324 200个百分点，西亚地区GDP增加0.190 711个百分点。从这样的数量关系中我们可以看出：证券市场融资额的增加推动了中国、东南亚、西亚地区的经济增长。证券市场融资额系数对于中亚和独联体地区为负且显著：证券市场融资额增加一个百分点，可导致中亚地区GDP减少0.244 085个百分点，独联体地区GDP减少0.294 790个百分点。从这样的数量关系中我们可以看出：证券市场融资额的增加减缓了中亚和独联体地区经济增长。

第三，保费收入对于"一带一路"沿线国家经济有全面的正向影响作用（如表5-7所示）。保费收入系数估计值对于中国、东南亚、南亚、西亚、中东欧和独联体地区的估计值为正且显著。通过模型得到的回归值可以看出：保费收入增加一个百分点，可导致中国GDP增加0.494 491百分点，东南亚地区GDP增加0.479 853百分点，南亚地区GDP增加0.773 210百分点，西亚地区GDP增加0.188 996百分点，中东欧地区GDP增加0.201 473百分点，独联体地区GDP增加0.420 590百分点。从这样的数量关系中我们可以看出：保费收入的增加事实上加速了中国、东南亚、南亚、西亚、中东欧和独联体地区经济的发展。

第四，外国直接投资额对于"一带一路"沿线国家经济有正向和负向的影响作用（如表5-7所示），以正向作用为主。外国直接投资额系数估计值对于中国和中亚地区的估计值为正且显著，通过模型得到的回归值我们可以看出：外国直接投资额增加一个百分点，可导致中国GDP增加0.201 961百分点，中亚地区GDP增加0.486 591百分点。从这样的数量关系中我们可以看出：外国直接投资的增加事实上加速了中国和中亚地区的经济的发展。外国直接投资额系数估计值对于西亚地区的估计值为负且显著。通过模型得到的回归值我们可以看出：外国直接投资额增加一个百分点,可导致西亚地区 GDP 减少 0.617 140 个百分点。从这样的数量关系中我们可以看出:外国直接投资额的增加减缓了西亚地区经济增长。

第四节 研究结论与建议

一、研究结论

本章研究了"一带一路"区域与国家金融资源配置及其经济影响,得出以下结论:

第一,部分地区银行信贷的增加对经济的促进作用在降低。从理论上来说,银行作为金融中介,有助于增加金融资源的流动性和减少投资的交易成本,从而导致投资增加和经济增长。但我们发现:2006—2019 年,"一带一路"沿线国家银行在存款规模快速扩大的同时,贷款规模却没有出现对应的增长。这一情况揭示了"一带一路"沿线国家银行业的金融效率较低,银行存款难以高效转化为社会有效投资,进而难以刺激社会经济发展。研究认为导致"一带一路"沿线国家银行效率不足的主要原因有:其一,银行信贷是"一带一路"沿线国家最主要的金融资源,随着经济总量的不断增加,信贷系统可以覆盖的行业贷款需求逐渐饱和,其对于经济增长的边际效应在不断下降。其二,金融抑制的存在,导致信贷的增长难以有效促进项目投资的增长,反而会出现无效率投资。信贷规模增长速度比存款规模增长速度低,导致金融资产规模不断增加的同时,重要的金融资源却难以充分发挥效用,难以用于企业的项目投资和扩大生产,难以推动社会经济增长。其三,中西亚地区经济依赖资源出口,金融设施建设不健全,投机性投资大于生产性投资,限制经济持久发展,导致信贷资源的扩张并没有有效推动经济增长。

第二，证券市场在经济增长中具有重要作用。实证结果表明，证券市场的发展对于中国、东南亚和西亚地区国家经济发展有显著的正向影响作用。这是因为证券市场作为企业从社会中进行直接融资的重要渠道，可以有效降低企业的融资成本，提高资金的流转与利用水平，加强企业的市场竞争力。证券市场要求上市企业进行信息公开，增加了资本市场的透明度，为市场在企业之间高效配置金融资源提供了帮助，优化了全社会的金融资源配置效率。

第三，保险业作为金融行业中重要部门，发展潜力巨大。"一带一路"沿线国家的保险业规模还较小，具有新兴行业的特征，带动区域经济增长的空间还非常巨大。保险业作为金融中介机构，可以为储蓄资金提供流动性并控制了储蓄资金面临的风险。同时，保险业将自身聚集的保险资金用于长期投资，提高了储蓄资金的投资转化率，形成规模性投资，能够为市场中资金需求较大的项目提供长期稳定的资金，进而推动着社会经济发展。

第四，外国直接投资提高了经济发展水平。这是因为外国直接投资的进入，不仅为当地企业带来了急需的金融资源，同时也带来了更加先进的经营管理理念和生产技术，大大提高了当地的生产技术水平，对于还处于发展中的经济体有着巨大的推动作用。

二、政策建议

我们针对"一带一路"区域国家及京津冀CBD金融发展及金融资源优化配置，提出以下政策建议。

第一，提高银行效率，优化信贷规模与结构。银行应当制定"一带一路"整体发展战略，把握"一带一路"沿线国家的广大市场，尤其要加强"一带一路"沿线国家的多边银行合作，建立合理的信贷监督管理制度，针对各地区（各企业）实际发展的资金需求来分配金融资源。同时，加快银行自身的技术创新，完善管理制度，让社会资金充分参与到经济生产过程中来。以此为鉴，京津冀CBD银行资源的金融资源优化配置中同样要依托协调合作来合理分配资金，凭借CBD的技术优势加快金融创新。例如，依托成熟的银行风险控制机制，建立数字金融信贷平台，服务广大中小企业的信贷市场，进一步发挥信贷对于经济发展的推动力。

第二，挖掘证券市场潜力。应当根据各区域证券业发展的实际情况，推出适应的指导政策，对证券市场加强监管，引导资金合理配置。推动"一带一路"沿线国家证券业合作和统一证券平台建设，如可以建立合资证券公司、合资的证券交易所、证券业监管联盟等。这些举措有利于让更多资本参与到优秀企业的融资进程中来，营造公平良好的金融环境，帮助这些优秀企业控制资金成本，打开融资渠道。同时，有针对性地扩大直接融资规模，支持"一带一路"沿线国家已有的诸多上市公司进行优化重组，尤其引导符合产业转型升级方向的优秀企业开展并购重组。在证券市场方面，京津冀CBD应当发挥自身的先发优势，利用京津冀CBD的大量证券机构与以北交所为代表的新型证券交易所，积极引导京津冀优秀企业在本地证券交易所上市融资，优化重组，发挥证券市场对于金融资源高效利用的带动作用。

第三，提高保险产业竞争力。应当进一步扩大保险的产业规模，推动保险业的产业结构优化升级，不断发挥保险业对"一带一路"沿线国家经济的促进作用。在政策方面，鼓励保险创新，出台匹配市场实际情况的法律法规，引导发展各区域专属保险机构，鼓励保险行业的产品种类和销售渠道创新。在业务方面，保险企业应当针对保险业务的特点，建立高效的产品开发机制，不断提高保险业核心竞争力。例如，引导中国大型保险机构在"一带一路"沿线国家各中心城市设立区域性保险法人公司，通过市场化方式优化重组，提高保险行业整体实力。同样，对于京津冀CBD来说，应当凭借自身强大的金融创新力，积极探索新的产品种类与服务方式，匹配不同类型企业的保险产品需求，为经济的高效稳定增长保驾护航。

第四，引导外国直接投资。"一带一路"沿线国家各国政府需要不断加强对外开放的程度，减少对外商的投资约束，减少贸易保护主义，促进金融商业市场公平竞争。可以通过市场化的方式进行运作，创造良性的投资环境，例如，可以引进有成熟投资经验的外资参与"一带一路"沿线国家科技创新型中小企业的孵化与培养，抢占发展制高点，发掘新的经济增长源泉。京津冀CBD在吸引外国投资方面一直走在全国前列，应当凭借成熟的外资吸引模式，引导资金充分发挥价格发现、资源配置、提供流动性等职能，促进外国直接投资与本国金融系统之间和谐联动，为国家整体经济发展提供动力。

第五，构建"一带一路"风险防控机制，保证经济稳定发展。在"一带一路"沿线国家经济及金融发展过程中，必然面临各种各样的风险事件，包括金融风险（美国次贷危机引发全球金融危机）、重大公共卫生事件（新冠肺炎疫情全球暴发）以及地缘政治风险（地区武装冲突）等问题。在此大背景之下，"一带一路"沿线国家应当按照自身经济与金融的发展特点，构建国家层面的风险防控协调机制，成立金融监督管理委员会，协商"一带一路"层面的经济金融相关问题，做好区域内货币与财政政策协调，设立风险防控预案，在面临重大外部冲击时降低其对于"一带一路"沿线国家的负面效应，避免巨量资金跨境流动影响实体产业，保证经济平稳快速发展。具体措施方面，可以通过加强"一带一路"数字金融平台建设，降低公共卫生事件对线下金融行业的影响，保证金融资源对经济的支持作用；设立"一带一路"联合基金，为需要援助的国家提供资金融通，避免区域系统性风险扩散，稳定区域经济与金融发展。对于京津冀CBD来说，控制金融风险也是金融资源优化建设的重点，京津冀CBD金融资源之间的联系非常紧密，面对外部冲击可能造成的风险传导，京津冀CBD之间应当建设完备的金融风险应急响应机制，避免金融产品风险造成的连锁效应。

第六,建立"一带一路"金融联盟,提高区域金融协同发展,"一带一路"沿线国家以发展中国家居多,金融发展水平的提高对经济增长有着较强的促进作用。由此,我们建议:加强金融政策区域协调,建立"一带一路"金融联盟,实现各国金融市场共同发展。特别是,"一带一路"沿线国家应该制定促进区域内金融机构发展、金融业务创新、高级金融人才引进以及金融基础建设等的共同政策体系。例如,以亚投行为平台,共同协商"一带一路"相关投资事宜,培养有国际视野的金融人才,加强区域内产业政策与信贷政策的协调配合,实现区域经济的协同发展。从"一带一路"金融资源的配置对于经济发展的影响作用进一步得出:在京津冀CBD内部金融合作的过程中,设计合理的金融合作协调机制,充分发挥北京引领与扩散效应,带动整个京津冀区域经济金融的发展,因地制宜地发展京津冀各地区所需的金融行业,成为影响京津冀CBD金融协作顺利进行的关键。

第七,建立京津冀CBD创新共同体,实现地区协同创新。京津冀CBD协同创新共同体,以北京CBD为内核,以津冀CBD为节点,构建多层级、开放式的CBD网络,充分发挥北京CBD的示范引领作用,不断强化北京CBD对津冀经济的服务功能和支撑作用。首先,依托"互联网+"、大数据等技术,建立京津冀CBD信息资源共享平台,为创新要素的供需构建顺畅的沟通机制。其次,建立人才、企业等创新主体交流机制。通过召开学术会议、开展课题研究、京津冀高校联合培养等途径,为科研人员交流合作搭建平台;针对科技型企业异地设立分公司、附属机构等,给予相应的税收优惠、贷款支持等政策。最后,由京津冀科技部门牵头,建立科技创新成果转化推广平台,为创新成果的交易、转化工作做好科技支撑服务。

第八,建立京津冀CBD产业转移对接机制,促进产业转型升级。建立起区域一体化的要素市场,促进要素自由流动。积极落实京津冀CBD人才绿卡制度,提供交流互通、创新创业、医疗保险等均衡化服务,降低人才流动风险，解决人才差异化问题；以三地功能地位为基础，建立起金融资本、产业资本、财政资本的跨区域流动机制。以产业转移、对接与融合为抓手，推进三地产业转型升级。北京CBD应疏解非首都功能至津冀区域，拓展创新产能发展空间，吸引高精尖企业的总部、创新要素的聚集，加快国际商务和贸易平台建设，不断增强对京津冀周边地区的辐射带动作用；天津应立足自身优势，加大CBD的技术与资本投入，引导、支持企业研发活动，做大做强高科技产业；河北应以非首都功能疏解和雄安新区的设立为契机，引导京津科技产业和现代服务业在CBD集聚，积极延伸产业链，争取京津科研成果在河北落地转化，谋划好产业集中承接建设。

第九，建立京津冀一体化的现代金融体系，整合发展资本市场。北京应强化金融管理中心功能，推动区域金融政策先行先试，促进京津冀金融资源的优势互补；支持金融机构一体化运营，鼓励三地开设子公司和分支机构，推行业务同城化；提升金融机构的服务能力，综合运用政府发债、政策性金融以及政府和社会资本合作（PPP）模式，广泛引入社会资本推进三地教育、医疗、就业等公共服务的一体化。利用北京CBD现代金融体系以及金融市场对外开放的优势，重点打造金融和实体经济的融合发展、多层次资本市场和服务业融合发展、金融支持创新链和产业链对接模式，构建符合京津冀CBD产业特征的金融发展模式。

第十，北京CBD、天津CBD和河北CBD的发展不平衡，再加上CBD金融协作内容多、涉及面广，因此为全面推进京津冀CBD在银行、证券、保险、外商投资等金融领域的合作，就需要建立多层次的金融合作协调机制，而多层次的金融合作协调机制涉及政策合作、技术合作、融资合作和人才合作培养等方面的内容。目前已经发展成熟的北京CBD，应该在金融业开放、金融模式创新等方面积极探索新思路，新路径，逐步把经验向河北、天津两地推广。北京要发挥其CBD的区位优势和经济优势，鼓励银行、证券和保险等各类金融机构去天津和河北进行多领域、多形式、多层次的投资和合作，鼓励其参与天津CBD和河北CBD金融机构的融资设计。

同时京津冀 CBD 应当积极参与到"一带一路"CBD 金融联盟的建设中来，利用京津冀 CBD 自身的金融资源优势，强化京津冀 CBD 区域金融资源的辐射力，带动"一带一路"CBD 金融联盟整体协调发展，为"一带一路"的金融资源发展与升级提供动力。

参考文献

[1] 崔满红. 金融资源理论研究［M］. 北京：中国财政经济出版社，2003.

[2] 白钦先. 中国金融倾斜的实证分析［M］. 北京：中国金融出版社，2010.

[3] 崔满红，冯鸿周. 区域金融理论研究［M］. 北京：中国财政经济出版社，2002.

[4] 张荔，姜树博，付岱山，等. 金融资源理论与经验研究［M］. 北京：中国金融出版社，2011.

[5] 卢颖，胡春涛，白钦先. 中国金融资源地区分布差异性研究［M］. 北京：中国金融出版社，2014.

[6] 于凤艳. 上海金融发展与经济增长关系的实证研究［J］. 区域金融研究，2011（7）：33-36.

[7] 白钦先. 论金融可持续发展［J］. 国际金融研究，1998（5）：1-5.

[8] 刘兴凯. 基于金融发展视角下的 FDI 与经济增长研究综述［J］. 金融理论与实践，2009（2）：39-46.

[9] 王文胜，柴用栋. 西部金融发展与区域经济差距：基于面板数据的实证分析［J］. 金融论坛，2010（10）：43-47.

[10] 朱顺杰，周惠民，逯进. 区域金融生态效率的评价与比较：基于山东省面板数据的实证分析［J］. 青岛大学学报（自然科学版），2012（4）：67-73.

[11] 武志. 金融发展与经济增长：来自中国的经验分析［J］. 金融研究，

2010（5）：58-68.

［12］王健．中国金融服务业空间结构研究［D］．上海：同济大学，2011.

［13］刘梅生．我国银行信贷规模与产业结构变动关系的实证研究［J］．贵州大学学报（社会科学版），2011（3）：47-50.

［14］周佰成，朱斯索．金融创新对经济增长的动态影响研究［J］．学习与探索，2012（7）：109-111.

［15］李小牧．离岸金融中心：北京CBD金融功能定位的未来取向［J］．生产力研究，2004，（12）：42-44.

［16］李蕊，张弘，伍旭川，等．美国曼哈顿金融业的发展及其对北京CBD的借鉴［J］．河南金融管理干部学院学报，2006，24（5）：56-58.

［17］白新．我国股票市场发展与经济增长关系的描述性分析［J］．现代物业（中旬刊），2012（10）：12-13.

［18］邹磊．房地产金融风险对我国金融安全的影响［J］．经济研究导刊，2011（11）：103-104.

［19］蒋三庚．著名CBD现代服务业人才聚集借鉴［J］．北京工商大学学报（社会科学版），2010（4）：8-11，17.

［20］张弘．北京CBD国际金融业集聚发展研究［J］．商业时代，2010（6）：62-63.

［21］秦泰，徐沈．金融集聚变动趋势实证分析［J］．重庆科技学院学报（社会科学版），2012（1）.

［22］安强身．山东省经济发展方式转变中的三维金融支持探讨［J］．经济与管理评论，2014（4）：155-160.

［23］陈强．高级计量经济学及Stata应用［M］．2版．北京：高等教育出版社，2014.

［24］耿颢．山东省金融深度和金融宽度实证分析［J］．金融发展研究，2009（10）：30-33.

[25] 韩廷春. 金融发展与经济增长：基于中国的实证分析[J]. 经济科学，2015（3）：31-40.

[26] 胡宗义，刘亦文，袁亮. 金融均衡发展对经济可持续增长的实证研究[J]. 中国软科学，2013（7）：25-38.

[27] 贾春新，夏武勇，黄张凯. 银行分支机构、国有银行竞争与经济增长[J]. 管理世界，2008（2）：7-14.

[28] 李猛. 金融宽度和金融深度的影响因素：一个跨国分析[J]. 南方经济，2008（5）：56-67.

[29] 李强，徐康宁. 金融发展、实体经济与经济增长：基于省级面板数据的经验分析[J]. 上海经济研究，2013（9）：3-11.

[30] 米建国，李建伟. 我国金融发展与经济增长关系的理论思考与实证分析[J]. 管理世界，2002（4）：23-30.

[31] 蒲师齐，于恩锋. 金融发展对经济发展影响的差异性分析：基于四川五个市的面板实证研究[J]. 当代经济，2017（25）：14-15.

[32] 邵宜航，刘仕保，张朝阳. 创新差异下的金融发展模式与经济增长：理论与实证[J]. 管理世界，2015（11）：29-39.

[33] 谭艳芝，彭文平. 金融发展与经济增长的因素分析[J]. 上海经济研究，2003（10）：3-12.

[34] 汪金花，熊学萍. 金融深度、金融宽度与经济增长的实证研究：基于中国省际面板数据[J]. 金融与经济，2015（8）：26-30.

[35] 王定祥，李伶俐，冉光和. 金融资本形成与经济增长[J]. 经济研究，2009（9）：39-51.

[36] 王景武. 金融发展与经济增长：基于中国区域金融发展的实证分析[J]. 财贸经济，2005（10）：23-26.

[37] 王伟，郑月明. 中国区域金融发展与经济增长关系的实证研究：基于动态面板数据模型的分析[J]. 现代经济信息，2011（21）：283-283.

[38] 伍旭川. 金融深度、金融宽度与金融发展 [J]. 金融纵横, 2005 (5): 5-7.

[39] 姚星垣. 金融宽度与区域金融发展 [M]. 北京: 中国社会科学出版社, 2013.

[40] 赵振全, 于震, 杨东亮. 金融发展与经济增长的非线性关联研究: 基于门限模型的实证检验 [J]. 数量经济技术经济研究, 2007, 24 (7): 54-62.

[41] 赵志华, 贺光明, 杨海平. 内蒙古地区金融效率及其对经济增长支持的实证研究 [J]. 金融研究, 2005 (6): 145-153.

[42] 黄英君, 陈晔婷. 中国保险业发展与经济增长关系研究: 基于VAR模型的实证分析 [J]. 保险研究, 2012 (1): 36-41.

[43] 王婷. 中国城乡金融资源配置差异的测度与分析 [J]. 经济问题, 2011 (8): 95-98.

[44] 祁敬宇. 北京 CBD 金融发展的 SWOT 分析 [J]. 北京市经济管理干部学院报, 2007 (3): 11-15.

[45] 尚福林. 金融创新必须植根于实体经济 [J]. 创新科技, 2012 (2): 5-5.

[46] 陆远权, 张德钢. 我国区域金融效率测度及效率差异研究 [J]. 经济地理, 2012 (1): 96-101.

[47] 白钦先. 比较银行学 [M]. 郑州: 河南人民出版社, 1998.

[48] 白钦先, 谭庆华. 论金融功能演进与金融发展 [J]. 金融研究, 2006 (7): 41-52.

[49] 白钦先. 金融结构、金融功能演进与金融发展理论的研究历程 [J]. 经济评论, 2005 (3): 39-45.

[50] 白钦先. 论以金融资源学说为基础的金融可持续发展理论与战略: 兼论传统金融观到现代金融观的变迁白钦先 [J]. 广东商学院学报, 2003 (5): 5-10.

[51] 曹伟,言方荣,鲍曙明.人民币汇率变动、邻国效应与双边贸易:基于中国与"一带一路"沿线国家空间面板模型的实证研究[J].金融研究,2016(9):50-66.

[52] 崔满红.金融资源理论研究(七):金融危机[J].城市金融论坛,1999(10):9-13.

[53] 龚明华.当代金融发展理论:演进及前沿[J].国际金融研究,2004(4):4-11.

[54] 李国强.古代丝绸之路的历史价值及对共建"一带一路"的启示[J].大陆桥视野,2019(2):32-38.

[55] 李建军,李俊成."一带一路"基础设施建设、经济发展与金融要素[J].国际金融研究,2018(2):8-18.

[56] 李健,贾玉革.金融结构的评价标准与分析指标研究[J].金融研究,2005(4):57-67.

[57] 李群,凌亢,杨益民.金融资源优化配置模型及其应用[J].数量经济技术经济研究,2003(10):58-62.

[58] 林毅夫,姜烨.经济结构、银行业结构与经济发展:基于分省面板数据的实证分析[J].金融研究,2006(1):7-22.

[59] 刘亦文,胡宗义.区域金融资源差异对经济发展的影响[J].经济地理,2010,30(4):624-628.

[60] 柳明.论金融资源与金融发展[J].辽宁财专学报,1999(1):20-22.

[61] 陆家骝.金融资源积累与金融可持续发展[J].华南金融研究,2000(4):3-5.

[62] 陆家骝.新资源因素与现代经济增长[J].广东社会科学,2001(5):14-20.

[63] 罗煜,王芳,陈熙.制度质量和国际金融机构如何影响PPP项目的成效:基于"一带一路"46国经验数据的研究[J].金融研究,

2017（4）：61-77.

［64］邱询旻，孙刚.关于金融体系对经济增长作用的理论分析［J］.世界经济与政治，2003（1）：58-63，80.

［65］任广乾，刘莉."一带一路"沿线国家金融效率综合评价［J］.经济地理，2018，38（6）：109-116.

［66］沈军，白钦先.论金融研究方法论的范式转换：兼论对金融发展理论的启示［J］.经济评论，2006（5）：123-128.

［67］隋广军，黄亮雄，黄兴.中国对外直接投资、基础设施建设与"一带一路"沿线国家经济增长［J］.广东财经大学学报，2017（1）：32-43.

［68］谭庆华.用金融资源论的观点度量金融国际竞争力［J］.金融论坛，2002（2）：2-6.

［69］王国刚."一带一路"：闯出全球经济资源配置的中国之路［J］.金融论坛，2015（10）：17-29.

［70］王纪全，张晓燕，刘全胜.中国金融资源的地区分布及其对区域经济增长的影响［J］.金融研究，2007（6）：100-108.

［71］王纪全，张晓燕.中国金融资源的地区比较和经济分析［J］.金融与经济，2006（5）：26-28.

［72］吴迪.金融资源配置效率与经济金融化的原因研究［J］.中国管理信息化，2019（5）：122-124.

［73］武力超，施桑桑，韩华桂，王振雪.外商直接投资、财政政策波动与地区金融生态环境［J］.金融论坛，2018（2）：20-34.

［74］杨涤.提高我国金融资源配置效率的途径研究：中国的金融强国之路探索［J］.世界经济研究，2004（2）：23-27.

［75］于磊.中心城市金融聚集与县域地区金融抑制：对我国金融资源配给"马太效应"的制度分析［J］.湖北农村金融研究，2012（10）：34-37.

[76] 袁富华, 张平. 雁阵理论的再评价与拓展：转型时期中国经济结构问题的诠释 [J]. 经济学动态, 2017 (2): 4-13.

[77] 中国人民银行成都分行金融研究处课题组. 金融资源区域配置的失衡性探析：四川与东部部分省市金融增长的比较分析 [J]. 金融研究, 2004 (9): 134-144.

[78] 周小川. 市场化运作是"一带一路"投融资可持续性的保证 [J]. 中国金融家, 2017 (5): 24-25.

[79] 邹宗森, 王秀玲, 冯等田. 第三方汇率波动影响出口贸易关系持续吗？：基于"一带一路"沿线国家的实证研究 [J]. 国际金融研究, 2018 (9): 56-65.

[80] LEVINE R. Finance and Growth: Theory and Evidence [N]. Handbook of economic growth, 2005 (12): 865-934.

[81] LEVINE R, ZERVOS S. Stock markets, banks, and economic growth [J]. The American economist, 1998 (3): 537-558.

[82] ROSYLIN M, YUSOF M B. Islamic banking and economic growth in GCC & East Asia countries: A panel cointegration analysis [J]. Journal of islamic accounting and business research, 2013 (2): 151-172.

[83] ARESTIS P, DEMETRIADES P. Financial development and economic growth: assessing the evidence [J]. Economic journal, 1997 (442): 783-799.

[84] AUBHIK K. Financial development and economic growth [J]. Review of financial economics, 2002 (2): 131-150.

[85] BECK T, ASLI D K, MARTINEZ PERIA M S. Reaching out: access to and use of banking services across countries [J]. Journal of financial economics, 2009 (1): 234-266.

[86] BEN J K, BOUJELBENE, THOURAYA, et al. Financial development and economic growth: new evidence from Tunisia [J]. Journal of policy

modeling, 2014 (2): 883-898.

[87] BROWN M, MAURER M R. Bank ownership, bank competition, and credit access: firm-level evidence from transition countries [J]. Swiss National Bank, 2019 (1): 155-184.

[88] GOLDSMITH R W. Financial structure and development [J]. Studies in comparative economics, 1969 (4): 31-45.

[89] GRAFF M, KARMANN A. Does financial activity cause economic growth? [J]. Dresden Discussion Paper, 2001.

[90] HONOHAN P, BECK T, ASLI. Access to financial services: measurement, impact, and policies [J]. The world bank research observer,

[91] KENDALL J, MYLENKO N, PONCE A. Measuring financial access around the world [J]. Policy research working paper, 2010.

[92] KING R G, LEVINE R. Finance and growth: schumpeter might be right [J]. quarterly journal of economics, 1993 (3): 717-737.

[93] LEVINE R. Financial development and economic growth: views and agenda [J]. Social science electronic publishing, 1997 (2): 688-726.

[94] MAKSIMOVIC V, BECK T, DEMIRGUC-KUNT A. Financial structure and economic development: firm, industry, and country evidence [J]. Policy research working paper, 2001.

[95] MCKINNON R I. Money and capital in economic development [J]. American political science review, 1973 (4): 1822-1824.

[96] MERTON R C. A functional perspective of financial intermediation [J]. Fm the Journal of the financial management association, 1995 (2): 23-41.

[97] NEWLYN W T, SHAW E S. Financial deepening in economic development [J]. Economic Journal, 1973 (333): 227.

[98] SANTOMERO A M, SEATER J J. Is there an optimal size for the financial

sector? [J]. Journal of banking & finance, 2000 (6): 945-965.

[99] SINGH A. Corporate financial patterns in industrialising economies: a comparative international study [J]. MPRA paper, 1994 (6): 902-912.

[100] STIGLITZ E J. The role of the state in financial markets [J]. World bank economic review, 1993 (7): 1-19.

[101] ROSS L, NORMAN L, THORSTEN B. Financial intermediation and growth: causality and causes [J]. Journal of monetary economics, 2000 (1): 31-77.

[102] FRANKLIN A, DOUGLAS G. Diversity of opinion and financing of new technologies [J]. Journal of financial intermediation, 1999 (8): 1-2.

[103] GOLDSMITH R W. Indicators of financial structure, development, and soundness [J]. Financial structure and development, 1969.

[104] RAYMOND F, INESSA L. Trade credit, financial intermediary development, and industry growth [J]. The journal of finance, 2003, 58 (1).

[105] ROSS L. Bank-Based or Market-Based financial Systems: Which Is Better? [J]. Journal of financial intermediation, 2002 (4): 25-55.

[106] ROSS L. Law, finance, and economic growth [J]. Journal of financial intermediation, 1999 (1): 57-116.

[107] THORSTEN B, ROSS L, NORMAN L. Finance and the sources of growth [J]. Journal of financial economics, 2000 (1): 261-318.